네카쿠배
경제학

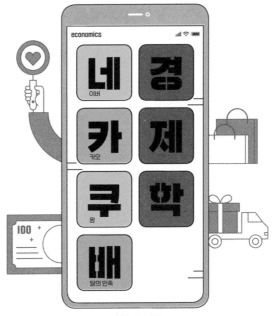

네경카제쿠학배

이버 카오 팡 달의 민족

economics

김철민 지음

P page2

시대가 바뀌면 생활이 바뀌고
생활이 바뀌면 시장이 바뀐다!

2021년 3월, 수에즈 운하에서 좌초된 대형 선박의 사진이 실시간으로 SNS에 떠돌자 전 세계 매스컴은 해상 운송 지연에 따른 글로벌 무역 차질과 시장 전망을 집중 보도했다. 코로나19 방역 대책으로 공항과 항만이 폐쇄되면 원자재와 부품 등 공급망이 단절되고 그로 인해 발생한 산업별 위기가 일상생활에 얼마나 영향을 끼치는지를 깨우쳤기 때문이리라.

얼마 전 약 5,000세대가 사는 서울의 한 아파트 단지에서 택배 대란이 발생했다. 입주민 안전 위협, 아파트 시설물 훼손 등을 이유로 택배 차량의 지상 출입을 통제한 것이다. 택배 차량의 높이는 보통 2.5~3m다. 그래서 정부는 2019년 1월, 택배 차량 출입을 위해 지상 공원형 아파트 지하주차장 입구를 2.7m로 정했지만, 해당 아파트는 정부 지침이 나오기 전에 건축 승인을 받은 곳이다(참고로 신규 건축 규정은 어디까지나 정부의 권고사항일 뿐 건축사는 이를 꼭 지킬 필요는 없다. 높아진 지상고 덕분에 건축비가 더 들어가 건축사에겐 부담 요인이 되기 때문이다). 택배 차량이 아파트 단지에 진입하지 못하자 택배 기사들은 손수레에 짐을 실어 수십 개 동을 돌 수밖에 없었다. 힘에 부친 택배 기사들은 아파트 입구에 수천 개의 택배 상자를 강수를 두었다. 그러자 아파트 관리사무소는 '아파트 택배 물량 쌓아두기 불가' 방침을 추가했고 택배사와 택배노조는 해당 아파트의 배송을 전면 중단하겠다는 발표까지 했다. 피해는 고스란히 입주민들에게 돌아갔다.

온라인 장보기가 일상생활이 된 현대인에게 택배는 없어서는 안 될 주요 생활물류 서비스다. 우리는 물류가 멈추면 삶이 단 하루도 평화롭지 못한 시대에 살고 있다. 비대면 시장이 일상화되면서 여객의 이동은 줄었지만 화물의 이동은 더 늘었다. 온라인 경제는 이미 몇 년 전부터 시작됐지만, 코로나19 이후 그 변화 속도가 예상보다 십 수 년은 당겨졌다.

네이버, 쿠팡, 카카오, 배달의민족, 마켓컬리, 무신사, 오늘의집, 당근마켓 등은 IT기술을 기반으로 현대인의 라이프 스타일을 바꾸고 있는 국내 대표 이커머스이자 온디맨드(On-Demand, 공급 중심이 아니라 수요가 모든 것을 결정하는 시스템이나 전략 등을 총칭) 서비스 사업자다. 이들은 인터넷 서비스 3요소(Internet Trifecta, 인터넷 트라이펙타)인 '콘텐츠, 커뮤니티, 커머스'의 적절한 결합으로 성장하고 있다. 이 중 무신사는 패션 잡지로, 마켓컬리는 초기 전국의 맘카페의 입소문을 타면서, 당근마켓은 중고거래 형태로 지역주민과 소통한다. 또 오늘의집은 인테리어 커뮤니티로 다양한 제품 콘텐츠를 제공하면서 이커머스 사업자로 더 큰 성장을 준비하고 있다.

온라인 마켓이 쑥쑥 성장한들 팔리는 상품은 모두 배달과 배송이라는 오프라인 공간과 물리적 이동을 거쳐야 한다. 매일 먹는 식재료부터 때마다 바꿔 입는 옷, 건강을 지키는 운동기구, 가전, 가구, 인테리어 소품까지 생활에 필요한 모든 제품이 온라인 소비와 오프라인 배송이라는 과정을 거쳐 쉴 틈 없이 공급되고 있다.

최근 몇 년간 패션, 신선식품, 가구와 생활가전 순으로 온라인 판매 품목이 다양화되면서 인터넷 서비스 사업자들은 더 큰 도전에 직면했다. 바로 배송 영역이다. 로켓배송은 쿠팡이 뉴욕증시에 시가총액 100조 원에 육박해 상장할 수 있었던 가장 큰 잠재적 가치로 평가됐다. 새벽배송은 유니콘이 된 마켓컬리의 대명사로 브랜드가 되었고, 수많은 대형 유통업체가 이를 따라 했다. 네이버는 온라인 스토어에 입점한 소상공인을 위한 물류 경쟁력 강화를 목표로 유통과 물류 분야의 다양한 기업과 손을 맞잡고 있다. 카카오도 이커머스와 모빌리티 서비스를 중심으로 다양한 정기배송과 구독경제 시장을 만들어나가고 있다. 배달의민족은 무인배달 로봇을 개발해 도로 위 운행을 준비 중이다.

이커머스 사업자에게 배송은 온라인 서비스가 오프라인으로 실현되는 그 지점에서 고객들의 체험과 만족도를 극대화하는 사업전략을 뜻한다. 배송은 인터넷 사업자가 판매한 상품과 서비스 평판의 최종 목적지다. 우리는 배달이 매출을 지배하고, 배송 모델이 브랜드가 되고, 배송 서비스를 소비하는 시대에 살고 있다.

1999년 사회생활을 시작하고부터 지금까지 물류 현장에서 많은 사람을 만났다. 처음에는 항공, 해운, 창고, 운송업 등 전통적인 물류 시장의 종사자를 만났다. 2000년대 초중반에는 홈쇼핑과 대형마트 등 유통업체 물류 담당 부서나 SCM(Supply Chain Management) 부서에서 근무하는 사람을 만났다. 2010년 전후로는 인터넷 쇼핑몰 업계 종사자를 만났다. 2015년부터는 스타트업을 중심으로 강남 테헤란로와 판교에서 근무 중인 IT 개발자 출신을 만났다. 지금은 대기업이나 금융업 관계자를 주로 만난다.

시간이 흐르고 사람이 바뀌고 출입처의 경계가 사라졌지만, 나는 여전히 물류라는 주제로 모든 산업 영역에 있는 이들과 교류를 이어가고 있다. 돌이켜보건대 시장의 변화는 있지만, 업의 본질은 변함이 없었다. 인류가 멸망하지 않고 재화의 거래가 지속하는 한 물류는 사라지지 않을 영역이다. 물류가 언제나 인류를 향해 흐를 수밖에 없는 이유다.

시대가 바뀌면 생활이 바뀌고 시장이 바뀌면 물류가 바뀐다. 이

책은 코로나19로 비대면 활동 증가가 일상의 변화, 즉 인류의 '먹고 사니즘'을 어떻게 바꾸고 있는지를 살펴보고 있다. 또 이커머스와 온디맨드 서비스의 마지막 관문인 물류는 또 어떤 도전과 변화를 맞이하고 있는지를 서술했다. 우리의 일상생활 속에 숨어 있는 물류를 더 쉽고 재미있게 설명하려고 노력했다.

갈 곳 잃은 원고를 삼프로TV 김동환 의장님에게 소개해준 고태봉 하이투자증권 리서치 본부장님, 삶의 방식에 물류의 가치를 알아봐주고 인연이 되어준 페이지2 출판사 모든 관계자께 이 자리를 빌려 감사의 인사를 전한다. 끝으로 아내 희정, 두 아들 동환, 시준에게 한마디하며 마친다. 언제나 사랑하고, 아빠, 책 나왔다.

김철민

● ● ●　**PART 1**
라이프 플랫폼 시대, 어디에서
비즈니스 모델을 찾아야 하나

PART 1

라이프 플랫폼 시대, 어디에서 비즈니스 모델을 찾아야 하나

카카오와 SK의 퀵 사업 진출

온디맨드 물류 시장의 빅뱅이 시작됐다

2021년 4월 카카오 모빌리티가 퀵 서비스 사업에 진출한다는 언론 보도가 있었다. 기업 회원을 모집해 2021년 상반기에 우선 서울에서 서비스를 시작한다는 것이다. 카카오는 정말 퀵 사업에 뛰어들 셈인가? 그렇다면 카카오가 말하는 퀵 사업의 범위와 의미는 무엇일까? '여객(교통)에서 화물(물류)'로 사업 모델을 확장하는 카카오 모빌리티 플랫폼은 어떤 모습일까? 약간의 경험과 상상력을 발휘해 유추해본다.

여객에서 물류로 서비스 확장

카카오 퀵 서비스 진출 소식이 새삼 놀랍지 않다. 어차피 예정된 수순이라고 봐도 무방하다. 카카오는 T앱을 통해 이미 '사람의 이동', 즉 여객으로 다양한 교통 중개 서비스를 제공 중이다. 택시, 대리, 바이크, 주차, 카풀, 셔틀, 시외버스, 기차, 항공(해외여행) 등을 연결하고 있다.

이동의 편리함을 내세운 카카오의 서비스 카테고리에 하나가 더 늘었다. 바로 '화물의 이동', 즉 물류다. 도시는 사람의 이동만큼이나 화물의 이동도 많다. 특히 서울처럼 인구 밀집도가 높은 메가시티는 서류, 샘플 등 기업형 소화물의 빠른 배송 수요가 많다. 배송 집적도는 배송 효율성과 연관성이 높다. 카카오가 기업 고객을 대상으로 서울에 퀵 사업을 우선 제공하겠다는 선언에 타당성이 있는 이유다. 더욱이 코로나19 여파로 성장한 비대면 경제는 사람의 이동보다 화물의 이동 수요를 늘렸다.

퀵 서비스를 가장 많이 이용하는 고객은 기업과 개인 중 누구일까? 퀵 업계에서는 백화점이나 길거리 일반매장을 운영 중인 패션 브랜드나 잡화점을 가장 큰 손으로 꼽는다. 매장 내 당일 재고가 부족하거나 고객에게 급하게 전달해야 할 제품들을 빠르게 배송하기 위해 퀵 서비스를 이용한다고 한다. 기업도 법률, 행정, 공증 등 서류 송달 등을 위해 퀵을 자주 사용한다.

카카오T앱의 가상 카테고리

택시	블랙	바이크	대리
주차	카풀	내비	셔틀
해외여행	시외버스	기차	wavve
퀵	택배	해외특송	포워더

※ 이미지 하단에 위치한 퀵, 택배, 해외특송 등은 향후 예상되는 카카오 모빌리티의 디지털 화물중개 서비스 모델에 대해 이해를 돕기 위해 임의로 구성했다.

그렇다면 카카오가 정의하는 퀵 서비스의 범주는 어떨까? 결론부터 말하면 오토바이부터 1톤 미만의 다마스, 1.5톤 미만의 개인용달 등 영업용 번호판을 달고 있으면서 수도권을 중심으로 운행하는 모든 화물차량이 그 대상이 될 가능성이 높다. 여기에는 노량진 수산시장, 가락동 청과물시장, 양재동 화훼시장 등 대형 재래시장이나 지역 전통시장도 포함돼 있다. 기업 또는 개인의 구분만 있을 뿐 도심 내 즉시배송이 가능한 거의 모든 화물운송 시장이 고객 대상이다.

포석과 응수 그리고 배민과 쿠팡이츠

카카오의 퀵 진출에 앞서 티맵 모빌리티 역시 관련 시장을 타진했다. 2021년 3월 퀵 서비스 라이더 체험단을 모집한 데 이어 4월에는 특허청에 '티맵유어퀵(T map Your Quick)'이라는 상표를 출원했다.

퀵 진출 모델로 티맵은 서비스형 모빌리티(Mobility as a Service, MaaS)를 지향하고 있고, 카카오T는 서비스형 모빌리티에 물류를 결합해 서비스형 수송 모빌리티(Transportation as a Service, TaaS)를 표방할 공산이 커 보인다. 티맵은 국내 이륜차 퀵 업체들과 개별 미팅을 진행해 관련 시장을 규합하려는 움직임을 보인다. 카카오T는 이륜차 이외에도 자전거 이용 서비스도 제공 중이다. 그렇게 되면 카카오톡 채널을 이용해 일반인이 음식 배달이나 퀵 서비스를 제공할 수 있는 일반인 배송체계를 선제적으로 갖출 수 있다. 여기에 카카오T는 이미 다양한 운송수단을 일반인 배송과 연결할 수 있는 플랫폼을 보유 중이다.

이쯤 되면 배달의민족이나 쿠팡이츠로서는 카카오T나 티맵이 잠재적 경쟁자가 될 수 있다. 판매할 상품만 구성하게 되면 음식 배달은 물론 B마트처럼 마트 배송도 넘볼 수 있다. 자체 배송 역량을 갖추면 커머스 진출은 어쩌면 시점 조율만 하면 가능할 수도 있다.

그런데 카카오나 티맵이 진출하려는 퀵 서비스와 배민과 쿠팡의 음식 배달대행 시장은 닮은 듯 다른 서비스 영역이다. 우선 배달할 상품이 다르고, 배차 등 운영 방식이 조금씩 다르다. 퀵 서비스는 중개사(콜센터)를 통해 인근 차량을 배차하고 현지에서 물건을 픽업해 바로 목적지까지 이동한다. 동 시간대에 비슷한 지역의 콜이 있으면 혼재 배송(합배송)도 가능하다. 국내에서는 인성데이타라는 업체가 콜센터 시장의 70% 이상을 차지하고 있다.

반면 음식 배달은 배민이나 쿠팡이츠처럼 음식 배달 주문 앱을 통해 접수된 주문을 '생각대로', '바로고' 등 배달대행 업체들이 이행하는 구조다. 퀵 콜센터인 인성데이타처럼 배민이나 쿠팡도 음식 배달 시장의 90% 이상을 점유하고 있다.

카카오T와 티맵은 현재로선 퀵을 중심으로 움직일 태세지만 향후에는 음식 배달, 마트 배송 등 서비스 카테고리 영역을 확대할 수 있다. 화물운송 시장에 직접 뛰어들 가능성은 낮지만 화물 중개 서비스는 다양한 접근이 용이하다.

실제로 카카오T의 퀵 프로모션 페이지를 살펴보면 거절 없는 간편한 주문, 도착 예정 시간 안내 후 약속 시각 내 배송, 체계 있는 가격 시스템, 임직원 그룹별 금액 한도 설정, 이용 명세 확인 등을 기존 퀵 서비스와 차별화로 내세우고 있다. 카카오T와 티맵의 앱을 이용하면 빠르고 정확한 정산, 리워드 적립, 쿠폰 발행, 카카오페이나 SK페이와 연계한 금융 상품 등의 지원도 가능하여 개인이나 기업 고객이 모두 좋아할 만한 요소를 갖추게 된다.

이륜차 퀵 서비스를 중심으로 화물운송 플랫폼이 대기업들의 격전지가 될 전망이다. 이륜차 배달 시장에 네이버, 쿠팡, 카카오, SK가 손을 대지 않은 곳이 없다. 생각대로(인성데이타)에 투자한 네이버, 메쉬코리아의 2대주주가 된 GS, 바로고를 파트너로 둔 11번가(SK) 그리고 카카오와 쿠팡의 자회사가 생활물류 영역으로 한 발짝 더 가깝게 들어섰다.

네이버보다 3년 먼저 인성데이타의 인수를 검토했던 카카오 모빌리티는 경쟁사인 티맵 모빌리티의 퀵 서비스 진출에 응수를 두기 시작했다. 네이버와 카카오 그리고 SK 등이 C2C와 B2C 시장에서 맞붙었지만 크로스 보더 이커머스(Cross Border E-Commerce, CBEC: 국경을 넘어 이커머스 거래가 발생하는 시장) 등 B2B 영역인 국제 화물중개(포워딩) 서비스 영역에서까지 경쟁할 날이 멀지 않았다. 이커머스 빅뱅에 이어 온디맨드 물류 시장의 빅뱅이 시작됐다.

만만하지 않은
퀵 시장 진출

카카오T와 티맵의 퀵 시장 진출에 회의적인 시각도 있다. 첫째, 퀵 서비스 시장의 리베이트 관행이다. 일반적으로 퀵을 이용하면 월간, 주간 실적에 따라 주문 고객에게 보상을 제공한다. 과거에는 백화점 상품권, 금, 현금을 주었다. 최근에는 커피전문점의 모바일 상품권 등 선물이 다양하고 젊어졌다. 고객은 리베이트에 만족해하고 있기 때문에 좀 더 저렴하고 나은 서비스 품질을 내세워도 기존의 퀵 서비스 업체를 잘 바꾸지 않는다. 이는 대기업이나 중소기업, 자영업 등 고객군이 달라도 마찬가지다.

둘째, 퀵 서비스의 폐쇄성이다. 퀵 서비스 시장은 수많은 영세 업체가 난립하여 있지만, 그 구조를 살펴보면 한 가족인 경우가 많다. 동네 중국음식 배달집이 만복성, 기라성 등 상호명과 전화번호가 달라도 결국 한집이 주문받는 것과 같은 이치로 보면 된다. 국내 퀵 시장 구조는 생각보다 더 단단하고 체계적이어서 신규 진입이 어렵다. 지난 수년간 많은 이륜차 물류 스타트업이 태동했지만 퀵 서비스 시장에서 이름을 내걸고 활동하고 있는 업체가 많지 않은 이유이기도 하다.

셋째, 동네상권 침해 논란이다. 이륜차 종사자들이 생계형인데 대기업이 들어와서 단가를 더 낮추고 중개 수수료만 챙기면 상황이 더 좋아질 게 없다는 게 전국퀵서비스노동조합 측의 설명이다.

:

매장 공유는 공동배송으로 이어질까?

삼성전자와 까사미아의 슬기로운 쇼룸생활

노트북 A/S 때문에 삼성전자 디지털 프라자 서초 본점에 방문한 적이 있다. 그런데 같은 건물 3층에 까사미아 매장이 있는 게 아닌가. 삼성전자의 생활가전 제품을 판매하는 곳에서 까사미아 가구를 함께 진열해 판매하고 있었다. 익숙한 풍경은 아니었지만 그렇다고 전혀 어울리지 않은 것도 아니었다. 삼성전자와 까사미아는 어떤 효과를 바라고 매장을 공유하기로 했을까? 호기심이 발동한 나는 좀 더 조사해보기로 했다.

가전제품을 가구와 함께 팔았을 때

삼성전자와 까사미아가 전국에 매장을 공유하는 곳은 총 네 군데다. 지난해 디지털 프라자 창원 본점을 시작으로 부산 본점, 용인 기흥 리빙센터점, 서초 본점까지 쇼룸형 복합 상점으로 운영 중이다. 정유경 신세계백화점 총괄사장의 첫 M&A 작품인 까사미아는 전국에 83개 점포가 있는데, 향후에도 디지털 프라자와 협업을 통해 유통망을 확대해나간다는 복안이다.

알고 보니 까사미아는 범삼성가의 가족회사로 콧대 높은 삼성전자와 협업이 상대적으로 쉬웠던 것이다. 까사미아는 삼성전자 이외에도 스타벅스, 프린트베이커리, 북티크 등 신세계 오프라인 유통망과도 결합 중이다.

최근에는 개포동 래미안 포레스트에 프리미엄 인테리어를 삼성전자와 함께 공략하고 있다. 그래서일까? 까사미아의 최근 실적은 순항 중이다. 2020년 이 회사의 매출은 1,600억 원 규모로 전년 대비 50% 이상의 성장세를 기록하고 있는 것으로 알려졌다.

공간의 공유에서 배송의 공유로?

삼성전자 디지털 프라자 서초 본점 1층과 2층은 삼성전자의 IT기기와 가전제품을 판매하고, 3층은 까사미아 가구 및 리빙 제품을, 4층은 A/S센터가 위치해 있다. A/S를 맡기고 3층에 위치한 까사미아 매장을 찾았다.

소파, 침대, TV 선반을 구경하고 있던 찰나 매장 직원이 다가왔다.

"고객님, 찾고 있는 제품이 있으면 편하게 말씀해주세요!"

이때다 싶어 질문을 던졌다.

"저기, TV를 샀는데, 선반도 함께 올 수 있을까요(사실 구매 목적이 아니었기에 어설픈 연기가 필요했다)?"

직원이 대답했다.

"같은 날 원하는 시간에 배송이 가능하지만 배송과 설치는 별도(삼성전자와 까사미아)로 진행됩니다."

한 발짝 더 들어가 물었다.

"한곳에서 모두 배송해주면 배송비나 설치비가 절약될까요?"

내 질문에 대한 직원의 대답이 흥미로웠다.

"가구와 가전을 동시에 구매할 계획이라면 대체로 가구를 먼저 들이고 몇 시간 뒤 가전을 설치하는 것이 바람직합니다."

직원의 설명을 듣고 보니 가전과 가구 등 모든 리빙 제품이 동시에 오는 것이 비효율적일 수도 있다는 생각이 들었다. 그리고 18년 전 내가 신혼살림을 맞이하던 날의 기억이 불현듯 떠올랐다. 가구, 가전 등 여러 군데서 주문한 제품이 한꺼번에 몰린 당시의 현장은 아수라장이었다. 제때 설치하는 것도 문제였지만 가전과 가구의 위치 선정이 바뀌는 건 더 골칫거리였다.

항상 그렇지만 계획대로 되는 일은 없다. 한꺼번에 몰린 제품과 설치 그리고 현장의 우발적 상황들로 나와 아내는 엄청난 스트레스를 경험해야만 했다. 결론적으로 신혼집은 침대, 소파, 책상 등 가구가 먼저 배치되었고, 그다음으로 TV, 냉장고, 세탁기 등 가전이 설치됐다. 가구가 설치된 이후에 혹여 문제가 생기면 고맙게도 가전 담당 기사님이 해결해줬다. 기사님은 가전제품 설치만큼 가구 설치도 능숙했다.

가구의 공동물류는 가능할까?

삼성전자는 가전제품 판매 이외에도 배송·설치 서비스로 유명하다. 제품 정보 숙지, 전문적인 설치는 기본에 반듯한 유니폼 차림과 친절함까지 겸비했다. 무엇보다 양말 위에 실내용 덧신을 신고 집 안에 들어서는 모습을 한 번이라도 경험한 소비자라면 그 서비스에 감동하리라.

삼성전자의 백색가전 물류는 계열 물류사인 삼성전자로지텍이 담당한다. 이 회사는 배송·설치 업무를 M사에 위탁하는데, 7~8년 전에 한솔그룹의 물류 자회사인 한솔로지스틱스와 많은 기업이 이 회사에 러브콜을 보낸 적이 있다. 그때부터 가전 배송·설치 영역은 물류 시장의 신수종 모델로 꽤 주목을 받았다.

초창기 TV는 목재로 만든 가구 형태였다. 원목보다는 성형이 쉬운 합판을 외형재로 사용했다. 전축(LP 플레이어), 괘종시계, 전화기도 나무로 만든 제품이 많았다. 사용 용도는 달랐으나 인테리어가 강조된 것은 예나 지금이나 다를 게 없다.

삼성과 LG는 최근 가전제품의 디자인화와 다른 가구와의 인테리어 조화에 집중하고 있다. 삼성의 비스포크가 선도적이다. '냉장고와 김치냉장고', '세탁기와 건조기'와 같이 비슷한 제품군끼리 디자인과 구성을 고객 취향에 따라 유닛 형태로 확장할 수도 있다. 이외에도 비스포크 방식은 SCM(Supply Chain Management) 관점에서 선주문 후생산 방식으로 재고를 줄이는 지연전략을 선택하고 있다.

A/S로 방문한 서비스 센터에서 어쩌다 보니 가전과 가구의 협업과 리빙 산업의 물류 공동화 가능성을 엿봤다. 수도권에 비싼 임대료를 내면서 가전 매장과 가구 매장을 따로 둘 필요가 있을지, 설치와 배송을 분리하거나 직접 설치가 필요한 제품군만 모아 공동 배송할 수 있을지 등 여러모로 개선해볼 여지가 많아 보인다. 혹시 삼성전자와 까사미아가 가전과 가구 제품의 설치 및 물류까지 이미 공동화에 나설 계획이었다면 그 도전에 박수를 보내고 싶다.

냉장고는 원래 나무로 만들었다?!

18세기 중반, 한강이 꽁꽁 얼고 동빙고와 서빙고(현 용산구 소재)에 얼음을 보관하기 위해 채빙 부역에 동원되던 시절에 첫 냉장고가 아이스박스 형태로 세상에 등장했다. 당시 냉장고 외형은 목재로 만들어졌는데, 내부는 단열재로 철제나 금속을 이용해 만든 금고 같았다. 그 모습은 가전제품이라기보다는 가구에 가까웠다.

냉장고뿐인가? 흑백 텔레비전의 외관도 나무였다. 브라운관을 떠받치는 네 다리부터 스르륵 밀어 여닫던 슬라이딩 문짝도 나무를 쪼개어 덧붙인 것이었다. 거실에 있던 괘종시계도 목재로 만들었다. 이 정도면 가전은 원래 가구였던 게 아니었나 싶을 정도다.

1800년대 중반의 냉장고

우주 정복보다 어려운 가구 배송

온라인 가구 판매가 넘어야 할 설치 물류

"짐 옮길 때 도와줄 남성분이 집에 계신가요?"

온라인 쇼핑몰에서 구매한 침대가 도착하기로 한 날, 아내로부터 다급한 전화가 걸려왔다. 일찍 퇴근해 가구를 같이 옮겨야 한다는 내용이었다.

"아니, 어떻게 된 일이야?"

상황을 파악해보니 온라인 주문 시 배송 정보 입력에 문제가 있었다. 대형 가구는 크기와 무게 때문에 보통 2인 배송이 기본인데, 이를 몰랐던 아내가 1인 배송으로 신청한 것이다. 짐작컨대 배송비를 아끼려다 생긴 명백한 주문자의 실수였다. 다짜고짜 판매자를 향해 치밀어 올랐던 화를 가라앉히고 수습에 나선 것은 잘한 일이었다.

　침대나 소파 등 가구를 인터넷으로 주문해 배송받다 보면 그 과정에서 예상치 못한 일들이 발생한다. 주로 아파트, 빌라, 일반주택 등 주거 형태를 잘 살피지 못해서 일어나는 문제다. 배송이나 설치 과정 중 추가 비용이 발생할 때도 있다. 앞선 경우처럼 배송 인원을 잘 파악하지 못했다거나, 고층용 사다리차를 빌려야 한다거나, 비좁은 골목에 큰 화물차가 진입하지 못하는 등의 돌발상황이 발생하면 판매자와 소비자 그리고 배달원(운송업자) 사이에서 추가 비용을 누가 부담할 것인가를 놓고 한바탕 실랑이가 벌어진다. 사태가 진정됐다 하더라도 이유를 막론하고 소비자는 그날의 악몽(?)을 쉽게 잊지 못한다. 곪아터진 고객의 상처는 '그 쇼핑몰을 절대 이용하지 않겠다'라는 흉터로 남는다.

오프라인 매장이라면 어땠을까

고객은 자신이 구매한 제품이 언제 오는지가 궁금할 뿐 어떻게 오는지 그 과정에 관해서는 대부분 관심이 없다. 왜 그럴까? 가구는 크기가 크고 무게가 무거워 일반 택배보다 배송이 더 힘든 걸 소비자는 이미 잘 알고 있을 텐데 말이다.

　한 번쯤 경험했을 상황을 떠올려보자. 소비자는 가구를 어디서

샀느냐에 따라 전혀 다른 체험을 하게 된다. 일반 매장에서 가구를 구매했다면 해당 매장 직원이 주거 형태에 따른 배송 방법과 설치 서비스 여부에 대해 사전에 꼼꼼히 체크하는 서비스를 받게 된다.

예를 들어 '고객이 주문한 제품의 경우 ○○○아파트는 엘리베이터를 통해 배송할 수 있다', '○○빌라 몇 층은 사다리차가 필요하다' 등의 내용이다. 소비자는 매장 직원한테 배송 여부와 추가 서비스 이용 시 요금이 발생한다는 설명을 받았으므로 더 걱정할 필요가 없다.

오프라인이 아니라 온라인에서 구매한다면 고객이 배송 서비스에 대해 꼼꼼히 살펴야 한다. 오프라인 매장 직원처럼 친절한 설명이 생략되기 때문이다. 그렇다고 인터넷 쇼핑몰이 가구 배송 서비스를 제공하지 않는 것은 아니다. 다만 오프라인과 비교해 제품 구매 전의 고객 서비스 응대가 부족해서 벌어지는 배송 사고가 잦다. 이럴 경우, 그 책임의 사유를 떠나 고객의 구매 경험을 망치는 게 더 문제다. 한번 부정적인 경험을 하게 되면 다음 구매로 이어지기 힘들기 때문이다.

상품 따라 배송전략도 다르다

오늘의집(버킷플레이스), 쿠팡 등 인터넷 쇼핑몰과 한샘, 리바트 등 제조업체들은 가구 등 리빙 제품 판매가 늘자 배송과 설치 서비스

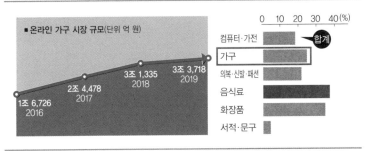

최근 4년간 온라인 가구 매출 및 성장률

■ 온라인 가구 시장 규모(단위 억 원)

0 10 20 30 40(%)

컴퓨터·가전 · 합계
가구
의복·신발·패션
음식료
화장품
서적·문구

1조 6,726
2016

2조 4,478
2017

3조 1,335
2018

3조 3,718
2019

출처: 통계청

를 강화 중이다. 2020년 기준 온라인 가구 시장은 4조 원 규모다. 코로나19로 직장인들의 재택근무 형태가 늘고, 온라인 수업 증가로 학생들이 집에 머무는 시간이 늘면서 온라인 가구 판매가 대폭 증가한 것으로 나타났다.

온라인 가구 판매는 늘고 있지만, 배송 서비스 공급은 원활하지 못하다. 업체들이 밝힌 익일 배송 성공률이 높지 않다는 게 소비자들의 평가이고 관련 체험 후기도 많다.

택배와 달리 가구 배송은 부피가 크고 무거운 제품의 특성상 2인 체제로 움직인다. 배송은 기본이고 가구 설치에 필요한 기술 역량과 장비도 보유해야 한다. 그만큼 인건비도 비싸다. 그래서 배송 업체들은 고임금 구조 때문에 중국 교포 등 외국인을 설치 보조기사로 고용하는 사례도 종종 있다.

그렇다면 현장에서 바라본 가구 물류의 어려운 점은 무엇일까? 생활물류연구소 비욘드엑스가 한샘, 퍼시스, 쿠팡, 오늘의집 등 온·오프라인 가구 물류 담당자들의 의견을 들었다. 다음은 그 내용을 종합해 정리한 '가구 물류 혁신을 가로막는 7가지 이유'다.

- 구매 빈도가 낮아 수요예측이 어렵고 재고 보유가 많지 않다.
- 대형 화물로 운송료, 보관료 등 물류비가 비싸다.
- 소파, 침대, 의자는 물론 1인용, 2인용, 3~4인용 등 제품 종류 (SKU: Stock Keeping Unit, 재고관리 단위)가 생각보다 많다.
- 국내 가구 판매량의 상당 부분이 경기도 포천에서 제조되는 중저가 제품들로 제조업체가 대부분 영세하다.
- 제조 공장에 ERP(Enterprise Resouce Planning, 전사적 자원관리)조차 구축이 안 되어 트래킹이 불가능하고, 영세성으로 배송 서비스 개선에 소홀하다.
- 지정일(시간) 배송이 불가능하고, 착불 배송(소비자 현장 결제)이기 때문에 소비자와의 시비가 잦아 서비스 불만이 많다.
- 쿠팡이 쏘아 올린 로켓배송으로 소비자의 배송 서비스 수준에 대한 눈높이가 너무 높다.

가구 온라인 판매를 중심으로 배송 서비스가 원활하지 못한 원인을 생각해보았다. 상품에 따라 배송 전략도 달라져야 한다. 가구 온라인 배송의 현장 목소리는 앞으로의 개선점을 생각하는 데 참고가 될 것이다.

네이버와 이마트의 '반쿠팡 연대'
절대강자가 없는 격전지, 어제의 적이 오늘의 동지로

네이버가 신세계 이마트와 2,500억 원의 지분을 교환하는 방식으로 손을 잡았다. 이보다 앞서 CJ와 6,000억 원(CJ대한통운 3,000억 원)의 지분을 섞은 네이버는 대기업부터 스타트업까지 온·오프라인 영역에서 다양한 협업 사례를 만들어가고 있다. 아마존이 SK(텔레콤)에 3,000억 원을 투자한다고 하니 국내 이커머스 시장을 둘러싼 혈맹의 대가는 2,000억~3,000억 원 수준에서 형성되는 분위기다.

"네이버와 이마트가 동맹을 통한 온라인 쇼핑 사업 강화에 나선다. 네이버와 이마트는 양사의 장점을 살려 최근 인터넷 쇼핑 분야에서 두각을 보이는 쿠팡에 맞서 1위를 공고히 하기 위한 협력에도 나선다. 이른바 '반쿠팡연대' 움직임이라는 분석이다."

- 《매일경제》 「네이버-이마트 지분 맞교환…反쿠팡연대 추진」, 2021년 3월 9일

네이버와 이마트의 기사를 보고 '오월동주(吳越同舟)'가 떠올랐다. 오나라 사람과 월나라 사람이 같은 배를 탔다는 뜻으로, 적대 관계에 있는 사람끼리 이해 때문에 뭉치는 경우를 비유한 말이다.

시장의 절반도 못 먹었다는 현황

국내 이커머스 시장은 절대강자가 없는 격전지다. 2020년 이커머스 전체 시장은 160조 원 정도다. 이 중 네이버(26조 8,000억 원), 쿠팡 (20조 9,000억 원), 이베이코리아(20조 원), 이들 빅3가 차지하는 시장 점유율은 절반에 미치지 못한다. 롯데온(7조 6,000억 원), 쓱닷컴(3조 9,000억 원)을 합쳐야 넘어설 정도다.

2022년 200조 원 규모로 더 커질 것으로 예상되는 이커머스 시장은 국내뿐만 아니라 CBEC(Cross Boarder E-Commerce) 해외시장 확장도 기대되고 있다. 국내 유통업체와 IT시장이 가만 놔둘 리 없다. 이커머스 등 유통과 물류업 전반에 몰리고 있는 국내외 자본의 흐름과 기업 간 합종연횡, 경쟁사 간 적과의 동침이 끊이질 않는

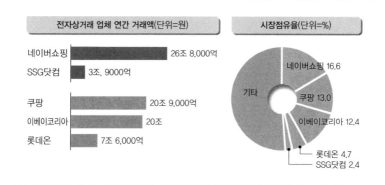

2021년 국내 이커머스 업체별 거래액과 시장점유율

전자상거래 업체 연간 거래액(단위=원)

네이버쇼핑　26조 8,000억
SSG닷컴　3조, 9000억

쿠팡　20조 9,000억
이베이코리아　20조
롯데온　7조 6,000억

시장점유율(단위=%)

기타
네이버쇼핑 16.6
쿠팡 13.0
이베이코리아 12.4
롯데온 4.7
SSG닷컴 2.4

자료＝업계 추정치

이유가 여기에 있다.

최근 유통산업은 온라인 오프라인 할 것 없이 불확실성이 높고 기업 환경의 변화 속도가 빨라졌다. 물류산업도 온디맨드 전선에 참전한 유통기업의 전후좌우를 지원하다 보니 다양한 전술이 필요해졌다.

2020년 12월부터 2021년 3월까지 유통시장은 온·오프라인을 오가며 크고 작은 M&A(인수합병), 전략적 제휴(Alliance Network), 합작투자법인(Joint Venture) 사례를 만들고 있다. 네이버와 CJ가 그랬고, SK와 아마존, GS홈쇼핑과 GS리테일이 또 그렇다. 매물로 나온 홈플러스에 오프라인 거점을 확대하려는 쿠팡이 눈독을 들이고 있다는 소문이 허무맹랑하지 않은 이유이기도 하다. 롯데도 이베이코리아 인수에 관심이 많다는 점을 상기하자.

유통망과 물류망을 잇는 영역 간 짝짓기 노력도 지속적으로 이루어지고 있다. 얼마 전 SK 11번가는 이륜차 배달업체인 '바로고'에 250억 원을 투자했다. 실제 투자 규모는 500억 원대로 알려졌다. 이에 앞서 네이버는 '생각대로(인성데이타)'에 투자했다. GS홈쇼핑은 메쉬코리아의 2대 주주가 됐다. 롯데는 마이크로 딜리버리 스타트업 '피엘지'와 협력을 도모 중이다.

이외에도 온디맨드 사업을 영위 중인 대형 유통사와 IT기업 대부분이 마이크로 풀필먼트와 딜리버리 스타트업과 어떤 형태로든 전략적 제휴를 맺고 있다.

초조함이 판을 키우고 협력 도모로

이커머스 시장의 2021년 최대 화두는 MFC(Micro Fulfillment Center)와 MDN(Micro Delivery Network)이다. 가격 경쟁에서 배송 경쟁으로, 그리고 다시 배송 경쟁이 만드는 가치 경쟁 중인 이커머스 시장에서 물류는 이커머스 밸류체인 확장을 위한 전략·전술이 된다. 문제는 초조함이 판을 성급하게 키우고 있다는 점이다.

국내 유통업체 대부분은 전략적인 풀필먼트 계획 수립을 마치지 않은 상태에서 딜리버리 전술만을 고집하는 양상이다. 11번가와 같은 이커머스가 퀵이나 배달대행 업체를 통해 30분 내 배송할 상품이 얼마나 있을지, 그 서비스가 필요할지가 의문이다. 이는 네이버에도 마찬가지 고민거리가 된다. 물론 음식 배달이 아닌 다른 사업 모델로 확장하기 위한 사전 포석일 수 있겠으나 현재로선 '묻지 마' 투자처럼 맥락이 없어 보인다.

'네이버가 어디 어디랑 손을 잡았으니까 우리는 어디 어디랑 혈맹을 맺자'라는 게 옳은 판단일까. 배달춘추전국시대를 맞이한 유통 시장에 초록, 빨강, 노랑 등 형형색색의 깃발이 꽂히기 시작했다. 펄럭이는 깃발은 바람의 방향과 크게 상관이 없어 보인다.

결론부터 예상하자면 이커머스를 둘러싼 빅뱅은 더 커질 전망이다. 이전의 뉴스보다 앞으로 나올 뉴스가 내용이 더 강력할 것이다. 유통업과 물류업 전반에 팽배한 NIH 증후군(Not Invented Here Syndrome, 제3자가 개발한 기술이나 문화, 프로세스는 인정하지 않고 조직 내부 역량만 받아들이는 현상)과 갑을관계의 수직적 파트너십을 극복하고 담대한 협력의 시대로 전환을 준비해야 하는 상황이다. 전체 네트워크를 연결하고 하나의 목표로 나아가기 위한 협력과 결합의 성공 조건은 무엇일까?

앞서 설명한 것처럼 현재는 경쟁 관계라 하더라도 더 위협적인 신규 경쟁자를 상대하기 위해 때로는 서로 협력하기도 한다. 그 방향은 경쟁사의 시장점유 저지, 결합에 따른 신상품 개발, 불필요한 투자 축소 등 세 가지로 요약된다. 그 목표도 규모의 경제, 네트워크 효과, 신기술 및 시장 확보, 리스크 관리, 엔드투엔드(End-to-end)

성공적인 협력 관계 구축을 위한 목표와 협력 방식

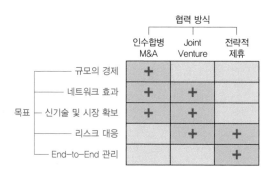

	협력 방식		
	인수합병 M&A	Joint Venture	전략적 제휴
규모의 경제	+		
네트워크 효과	+	+	
목표 — 신기술 및 시장 확보	+	+	
리스크 대응		+	+
End-to-End 관리			+

출처: 비욘드엑스

관리라는 공통점이 있다.

자고로 무림의 세계에는 영원한 적군도 영원한 아군도 없다는 말이 있다. 비즈니스 세계에도 이와 같은 파격적이고 담대한 협업은 앞으로 더 늘어날 수밖에 없다. 죽도록 미워하지만 죽도록 생존을 도모해야 하는 시대다. 죽지 않고 살기 위해 발등에 불이 떨어졌다.

생존과 성장의 관건, 기업 간 협력
더 이상 협업은 선택이 아닌 필수

'네이버와 손잡은 CJ와 신세계', '아마존과 협업하는 SK' 등 이커머스를 둘러싼 물류 시장 환경이 급격히 변화하고 있다. 산업 간 경계를 넘어 업종 구분 없이 고객 만족도 최대화를 위해 전에 없던 경쟁이 이루어지는 세상이다. 파괴적 혁신 이론은 본질적으로 전혀 위협이라고 느끼지 못했던 경쟁자에게 거대 기업이 허물어질 수 있음을 증명하는 것이기도 하다.

디지털 기술로 무장한 소규모 스타트업은 거래 비용을 최소화하며 거침없이 새로운 비즈니스 모델을 테스트한다. 유통산업이 오프라인과 온라인의 결합을 넘어 국가 간 거래로 그 범위를 확장하고 있다. 아마존과 알리바바의 활동 무대가 대륙을 넘어선 지 오래다.

그러나 물류 프로세스를 직접적으로 운영하는 현장에서는 이러한 변화가 눈에 보이지 않는다. 여전히 영세한 기업들이 과거와 같은 전통적인 방식으로 업무를 처리하고 있기도 하다. 지역과 산업에 따라 미래를 향한 변화의 온도 차가 있다.

한국에는 배타적인 조직 문화가 오랜 기간 뿌리내려 있다. 수평적 파트너십보다는 갑을관계로 대표되는 수직적 파트너십이 NIH증후군과 결합하고 있어서 불확실성이 높은 비즈니스 환경을 헤쳐나가기 위한 협력 관계가 자리 잡기 어려운 것도 현실이다. 그런데도 거친 물살을 헤치고 한 걸음 나아가기 위해 기존 비즈니스 관행을 완전히 버리고 새롭게 접근하려는 노력은 서서히 구체적 성과를 내고 있다.

NIH증후군을 보여줬던 가장 대표적인 기업이라 할 수 있는 삼성전자는 2014년 이후 적극적인 인수합병에 나섰다. '루프페이'를 인수하여 삼성페이 서비스를 시장에 안착시켰고, 카 오디오 및 자동차 전장 부품기업 '하만'을 80억 달러에 인수했다. 물류산업에서도 CJ대한통운이 말레이시아 2위 물류기업 '센추리 로지스틱스'의 지분을 인수하였고, 중국의 냉장물류기업 '로킨'과 TCL그룹 물류 자회사 '스피덱스'를 인수해 재매각하기도 했다.

모든 것의 경계가 허물어지고, 모든 것이 연결되는 시대다. 변화에 대응하기 위해 홀로 모든 것을 처리하는 것이 불가능해진 상황이다. 그렇다면 불확실성이 높은 시대에 기업 간 협력과 결합은 왜 필요한 것일까? 또 어떻게 협력해야 성공적인 결과를 만들어낼 수 있을까?

왜 협력해야 하나

흥미롭게도 물류산업의 특성을 바라보면 기업 간 협력과 결합이 필요한 이유를 정리해볼 수 있다. 다양한 물류기업 사례를 통해 물류산업에서 협력이 필요한 다섯 가지 이유를 살펴보자.

규모의 경제

규모의 경제는 기업 간 협력과 결합이 만드는 가장 큰 이점이다. 규모가 커질수록 경쟁력이 향상한다면 기업들이 물리적으로 결합하거나 전략적으로 협력하여 전체 규모를 늘리고 덩치를 키우는 것은 당연하다. 규모의 경제가 작용하게 되면 동일한 설비에 더 많은 물량을 처리할 수 있고, 원가 경쟁력이 향상하여 고객 확보 및 수익성 향상에 직접적인 영향을 미칠 수 있다. 규모의 경제는 물류산업의 성장을 이끌어온 가장 기본적인 성공 방정식이라 불리기도 한다.

독일우정 DPWN(Deutsch Post World Net)이 오늘날 DHL을 포함하여 세계 최대 규모의 물류그룹으로 성장할 수 있었던 배경에도 기업 간 결합을 통한 규모의 경제 확보가 있었다.

1998년 DPWN은 미국 샌프란시스코에 본사를 둔 특송회사인 DHL 지분을 인수하기 시작했다. 그리고 이듬해인 1999년 스위스 물류기업인 단자스(Danzas)와 미국 항공운송업체인 에어본익스프레스(Airborne Express)를 인수했다. 2002년 DHL 지분을 100% 인수해 자회사로 편입한 DPWN은 사명을 DP DHL로 바꾸고 2005년 영국의 3PL업체인 엑셀(Exel), 인도의 블루다트(Blue Dart Express) 등 공기업 민영화 이후 총 22차례의 M&A를 시도해 전 세계 1위의 물류기업이 됐다.

DP DHL이 물류 M&A를 본격화한 1998년, 같은 해 국내 물류시장에서는 CJ그룹(구 제일제당그룹)이 물류자회사인 CJ GLS 법인을 출범시켰다. CJ GLS는 1999년 중소택배회사인 택배나라를 인수하며 국내 택배 시장에 진출하여 2006년 삼성물산의 택배회사인 HTH와 싱가포르 포워딩업체인 어코드를 연달아 인수했다. 2011년 국내 1위 물류기업 대한통운을 거머쥐는 등 현재까지 총 10여 차례가 넘는 M&A를 거쳐 국내 최대의 물류기업으로 발전했다.

2000년대 초반 글로벌 물류산업에 불어온 기업 간 결합 열풍으로 오늘날의 대규모 물류기업들이 등장했다. 규모의 경제에 기반한 성장 전략은 지금도 유효한 전략으로 기업 인수 합병의 핵심 동력이 되고 있다. 이에 따라 대규모 물류 터미널을 건설하고 항만과 인프라 설비를 자동화 및 대형화하기 위한 투자가 폭발적으로 증가하고 있다.

택배, 특송사업의 경우 규모의 경제를 갖춘 사업자가 시장을 독과점하는 것이 일반적이다. 일본의 경우, 야마토 택배와 사가와큐빈이 지속해서 점유율을 높여 전체 시장의 80% 이상을 장악했다. 글로벌 특송시장 역시 DHL, 페덱스(FedEx) 등 상위권 기업이 시장을 과점하고 있다.

반면 트럭 운송시장과 같이 본질적으로 규모의 경제를 달성하기 어려운 시장은 소규모 기업들과 대규모 기업 간 경쟁력 차이가 크지 않아 기업 간 협력 및 결합에 대한 필요성도 낮다.

범위의 경제

기업 간 협력이 필요한 두 번째 이유로 네트워크 효과, 즉 범위의 경제를 꼽을 수 있다. 물류산업은 기본적으로 네트워크 인프라를 갖추는 것이 핵심이며, 지리적인 밀도를 높이는 것이 중요하다. 미국 중심의 비즈니스 모델을 갖춘 UPS가 2012년 68억 달러에 유럽 네트워크를 가진 TNT익스프레스를 인수했던 것 역시 빠른 시간에 글로벌 네트워크를 완성하기 위해서였다.

네트워크를 넓은 지역에 갖춘 기업은 새로운 지역으로 확장하거나 신규 고객을 유치할 때 경쟁기업보다 유리하다. 새로운 시장에 대한 접근 역시 네트워크 효과로 설명할 수 있다. 물류산업에서 규모만큼 중요한 것은 밀도(Density)다. 특정 지역에 효과적으로 밀도 높은 네트워크를 구축하는 것이 핵심 경쟁력이라고 했을 때 지역별 밀도를 높이는 네트워크 구축은 규모의 경제와 함께 물류기업이 성장하는 핵심 동력이 된다.

신성장동력 확보

기업 간 협력이 필요한 세 번째 이유로 새로운 시장과 기술 확보를 통한 신성장동력 확보를 꼽을 수 있다. 기존 시장이 정체되고 고객별 매출이 제한되는 상황에서 기업이 성장하는 유일한 길은 새로운 고객을 확보하거나 기존 고객에게 더 많은 서비스를 제공함으로써 전체 매출을 늘리는 것이다.

110년이 넘는 역사의 UPS는 2015년 18억 달러를 투자하여 신기술에 기반한 물류 서비스 모델 혁신 경쟁력을 갖춘 코요테로지스틱스(Coyote Logistics)를 인수했다. 그럼으로써 고객의 배송수요가 어디 있는지를 알 수 있게 되었고, 배송업체는 운송 트럭에 남는 공간이 있는지를 쉽게 파악할 수 있는 분석과 기술 역량을 갖추게 되었다. 기술력을 확보하여 기존 고객에게 더 나은 서비스를 제공할 수 있게 된 것이다. UPS의 코요테로지스틱스 인수는 M&A를 통해 물류기업이 기술 혁신에 필요한 시간을 단축한 대표적 사례로 꼽힌다.

UPS는 이어 2016년에도 의료산업 물류에 특화된 마르켄 (Marken) 사를 인수했다. 이 역시 향후 급격한 성장이 예상되는 의료산업 물류 시장의 새로운 고객을 확보하고 기술 경쟁력을 확보하기 위한 선택이었다.

포트폴리오 다변화

기업 간 협력이 필요한 네 번째 이유는 불확실성에 강한 포트폴리오 구축 및 서비스 다변화다. 기업이 특정 분야나 산업에서 경쟁력을 확보하고 있다 하더라도 해당 시장이 불황에 빠지면 그 부정적 영향을 직접적으로 받게 된다. 따라서 기업은 될 수 있는 대로 더 다양한 서비스를 제공함으로써 특정 분야에 대한 종속성을 낮추고 서비스 분야별 시너지 창출을 고려할 필요가 있다. 이는 불확실성이 높은 시장에서 기업의 생존력을 높이는 전략이 된다.

대표적인 예로 일본우정(Japan Post)은 50억 달러에 톨로지스틱스 (TOLL Logistics)를 인수함으로써 우편 시장에 제한됐던 서비스 포트폴리오를 전체 물류 서비스로 확장할 수 있게 됐다. 이를 통해 일본우정은 성장동력을 확보하고 서비스 다변화를 위한 기반을 구축할 수 있었다.

리스크가 매우 높은 스타트업 중심의 새로운 비즈니스 시장에서도 기업이 직접 시장에 진출하는 것보다 관련 서비스를 제공하는 스타트업과 협력함으로써 불확실성에 대응할 수 있다. 국내 택배 관련 대기업들이 라스트 마일 물류 분야의 스타트업들과 제휴나 인수합병 형태로 새로운 서비스를 제공하고 있는 것이 대표적인 예다.

엔드투엔드 관리역량 확보

기업 간 협력이 필요한 다섯 번째 이유는 엔드투엔드 관리역량 확보다. 물류산업은 다른 산업과 달리 특정 노드나 링크에 대한 관리 혹은 제품 자체에 대한 관리가 아니라 출발지(Source)에서 목적지(Destination)까지 전체 공급망(Chain)을 시작에서 끝까지 통합 관리하고 가시성을 확보해야 한다.

DPWN과 같은 글로벌 물류그룹을 완성한 기업조차도 모든 네트워크를 스스로 운영하지 못한다. 그들조차 필요에 따라 다양한 기업과 연계하므로 공급망의 엔드투엔드 관리역량은 실상 물류기업의 영원한 숙제이기도 하다. 그런 점에서 서로 다른 기업과 협력관계를 구축하는 것은 네트워크 관리의 가장 기본적인 역량이라고 할 수 있다.

어떻게 협력해야 하나

성공적인 협력의 시대로 나아가기 위해 우리는 기업 간 협력과 결합을 위한 다양한 방안에 대한 검토가 필요하다. 협력 방식은 크게 인수합병, 합작투자법인 설립, 전략적 제휴로 구분할 수 있다. 후자의 방식으로 갈수록 유연성이 커진다. 방식마다 장단점이 뚜렷하기에 협력 목적에 따라 취사선택할 필요가 있다.

인수합병

인수합병은 가장 효과적이고 직접적인 협력 방식이다. 인수사와 피인수사를 하나의 그룹에 속하게 만들어 하나의 목표에 따라 움직이게 하므로 시너지 창출에 가장 효과적이다. 협력에 따른 관리 비용을 최소화할 수 있다는 점도 인수합병의 장점이다.

그러나 인수합병을 위해서는 높은 투자 비용이 한꺼번에 투입되어야 하고, 서로 다른 조직을 하나의 체계로 통합하는 데 생기는 불확실한 위험이 산재하여 있다는 단점이 있다. 이에 따라 인수합병 성공률을 낮게는 30%에서 높게는 50% 정도로 평가하는 것이 일반적이다. 즉 인수합병 이후 성공적으로 기업이 운영되는 경우는 동전을 던져 한쪽 면이 나올 확률보다 낮다는 이야기다.

합작투자법인

인수합병의 높은 비용과 리스크를 고려한 또 다른 협력 방법으로 합작 투자 방식이 있다. 참여 기업들이 일정 부분 지분을 투입한 후 새로운 기업을 만드는 것이다. 합작 투자는 인수합병 후의 리스크를 참여 기업 간 지분 투자 비율로 배분하는 효과가 있기 때문에 인수합병보다 최초 투입 비용을 낮출 수 있으며, 적절한 계약을 통해 상호 이익을 높일 수 있다.

하지만 투자법인 운영에 있어 참여 기업 간에 이해 상충 문제가 발생했을 때 이를 완벽히 통제하는 것이 사실상 불가능하다는 단점이 있다. 또한 참여 기업들의 목표가 투자법인 운영 과정에서 부딪치면 협력관계가 종료될 수 있는 리스크도 있다. 가령 미국 자동차 기업 GM은 2000년대 콘웨이(Conway)와 협력하여 자동차 물류기업 벡터(Vector)를 합작투자법인 형식으로 설립했지만 결국 물류 네트워크에 대한 통제 역량을 높이기 위해 콘웨이의 지분을 모두 인수하고 벡터를 자회사로 편입했다.

전략적 제휴

전략적 제휴는 가장 유연한 협력 방식으로 합작투자법인 형태로 운영될 때의 문제점을 보완하고 상호 이익에 따라 협력 단계를 조절할 수 있다는 장점이 있다. 항공, 해운산업에서 널리 활용되는 동맹 네트워크(Alliance Network) 모델이 전략적 제휴의 성공적인 사례다.

전략적 제휴 방식에서 가장 중요한 것은 참여 주체 간 이익과 위험을 어떻게 공유하느냐다. 여러 이해 관계자가 하나의 기업으로 통합되는 것도 아니고, 합작투자법인과 같이 지분 투자에 따라 명확하게 이익과 위험이 공유되는 것도 아니기 때문이다. 그래서 협력 초기 단계부터 명확한 계약관계 및 상호 신뢰 구축이 필수적이다. 혹여 기업 간 이해관계가 부딪힐 수 있는 문제는 사전에 계약을 통해 적절한 메커니즘을 설정함으로써 문제 발생 가능성을 처음부터 관리해야 한다.

이익과 위험을 공유하는 계약을 체결하게 되면, 계약 자체가 참여기업의 목표를 명확히 설정하는 데 가이드라인을 제공하여 참여기업 간 신뢰를 구축하는 데 도움이 된다는 연구 결과가 있다. 느슨한 계약관계는 상호 이해관계에 따라 협력관계에 문제가 생길 수도 있기에, 시간이 걸리더라도 명확한 계약관계를 설정하고 구체화한다면 오히려 신뢰관계를 구축할 수 있다는 뜻이다.

협력에 성공하려면

기업 간 협력관계 구축에 있어 가장 중요한 것은 처음부터 목표를 명확히 설정하고, 설정된 목표에 가장 적합한 협력 방식을 선택하는 것이다. 만약 규모의 경제를 달성하는 것이 목표라면 전략적 제휴와 같은 느슨한 형태의 협력 방식보다는 인수합병을 통한 물리적 통합이 가장 합리적인 선택이 된다.

반면 엔드투엔드 관리가 목표라면 인수합병만으로 이를 해결하는 것은 사실상 불가능하므로 전략적 제휴에 대한 적극적 검토가 필요하다. 즉 협력의 목표에 따라 강력한 형태의 인수합병에서 느슨한 형태의 전략적 제휴까지 적절한 방식을 선택할 수 있다.

《하버드비즈니스리뷰》에 실린 기고문, 「기업 간 인수합병을 성공시키기 위한 조건」의 로저 마틴(Roger Martin) 교수는 기업 간 인수합병과 협력이 성공하기 위해서는 "협력하는 상대방이 제공하는 무엇을 바라는 것이 아니라 자신이 무엇을 제공할지 고민해야 한다"라고 말했다. 그는 또 성공적인 합병과 협력을 위해 적절한 자금을 투입할 수 있는지, 더 나은 경영 관리 역량을 제공할 수 있는지, 가치 있는 기술을 제공할 수 있는지, 다양한 역량을 공유할 수 있는지를 꼼꼼하게 살필 것을 주문하고 있다. 협력이란 한 방향이 아니라 상호 이익과 위험을 공유하고자 하는 신뢰에서부터 출발하는 양방향 파트너십임을 강조한 것이다.

불확실성이 높아지고 환경 변화의 속도가 기존과는 비교할 수 없을 만큼 빨라진 최근의 물류산업에서 리스크를 낮추고 성장하기 위한 핵심이 기업 간 협력이라는 것은 부인할 수 없는 현실이다. 따라서 협력의 목표를 명확히 이해하고 그에 적합한 협력 방식을 선택하는 것은 기업 생존 및 성장의 핵심 열쇠가 될 것이다. 스스로 모든 것을 해결하겠다고 나서는 기업은 환경 변화의 속도에 따라가기 힘든 게 현실이다. 합종연횡의 시대에 담대한 협력은 더 이상 선택의 문제가 아니다.

：

일주일치 택배를 한 요일에
몰아 받는다면?

묶음 배송하여 탄소 배출 35% 절감

출장 중에 숙소에서 피자를 배달시켜 먹었다. 주말에 식당에서 혼자 밥 먹기가 애매했다. 배달앱을 켰다. 20분 만에 배송이 됐다. 커다란 봉투에 피자와 각종 소스류, 콜라가 가지런히 담겨 있었다. 배고픔에 허겁지겁 먹었다. 마스크를 끼고 외출하기 귀찮았는데 잘한 일이다 싶었다. 그런데 행복함은 곧 난감함으로 변했다. 레귤러 사이즈 피자 한 판의 포장에서 나온 엄청난 쓰레기의 양 때문이었다. 종이박스, 비닐봉지, 보온팩, 각종 소스 용기, 콜라병까지 총 13가지 일회용 포장재가 사용됐다. 순간의 즐거움이 난감함이 됐다.

1만 4,000원짜리 배달용 피자 한 판에서 나온 쓰레기 양

편리한데 마음이 불편하다

요즈음 쓰레기 때문에 골머리를 앓는다. 온라인을 통한 비대면 소비가 늘자 배달, 배송, 택배 등 물류 서비스가 늘고 있다. 과도한 포장재 때문에 쓰레기가 늘어나는 것은 도시나 시골이나 마찬가지다.

나는 경기도 용인에 위치한 농가형 주택에 살고 있다. 이 동네는 일주일에 한 번씩 재활용 쓰레기를 수거해 가는데 얼마 전부터는 제때 수거가 되지 않아 주민들의 불만이 생겼다. 관할 구청에 문의해보니 갑자기 늘어난 쓰레기 양으로 해당 업체가 인력, 차량 부족 등에 시달리면서 문제가 생겼다며 이른 시일 안에 정상화되도록

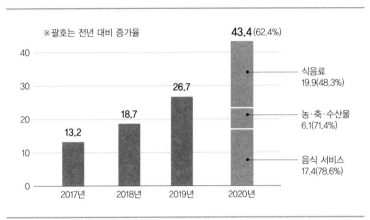

최근 4년 새 온라인 식품시장 거래액 추이

※괄호는 전년 대비 증가율

43.4 (62.4%)

식음료
19.9(48.3%)

농·축·수산물
6.1(71.4%)

음식 서비스
17.4(78.6%)

26.7

18.7

13.2

2017년　2018년　2019년　2020년

단위: 조 원

노력하겠다는 답변을 전해왔다. 박스, 페트병 등 분리수거 업체에 과부하가 생긴 것이다.

통계청에 따르면 2020년 온라인 식품시장 거래액은 43조 4,000억 원으로 전년보다 62.4% 늘었다. 2019년 26조 7,000억 원이었는데, 1년 만에 40조 원을 돌파한 것이다. 비대면 소비 경향이 뚜렷해졌기 때문이다.

재활용 쓰레기를 분리 배출하는 날이면 엄청난 쓰레기더미를 볼수 있다. 아파트에 사는 지인은 출근하다 우연히 그 광경을 목격하고 왠지 모를 죄책감이 들어 음식 배달이나 신선식품 배송 등을 이용하지 않는다고 했다. 포장재로 인한 쓰레기더미는 어느 동네에서든 쉽게 볼 수 있는 풍경이리라.

온라인 소비의 저주는 우리가 공동으로 처리해야 할 폐기물 쓰레기 양에 그대로 반영된다. 하루에 버려지는 폐기물만 43만 899톤에 이른다. 2018년 기준으로 약 1억 5,700만 톤이다. 이는 20피트짜리 컨테이너 약 480만 개 또는 15톤 덤프트럭 약 1,000만 대를 가득 채울 수 있는 양이다.

2020년 생활 쓰레기 발생량은 11.2%로 늘어서 일평균 5,439톤 수준이다. 택배 증가율은 20.2%가량이고, 플라스틱 폐기물 증가율은 13.7%다. 2020년 국내에서 생산된 일회용 마스크는 16억 7,463만 장이었는데, 이는 여의도 17배를 덮어버릴 정도의 양이라고 한다. 음식을 포장한 플라스틱은 500년, 일회용 마스크는 400년이 지나도 썩지 않는다.

한 아파트 단지의 쓰레기더미

택배 쓰레기를 없애는 택배상자

얼마 전 '택배 쓰레기를 해결해주는 택배상자'라는 제목의 기사를 읽었다. 월마트에 인수된 쇼핑몰 제트닷컴(Jet.com)의 공동 창업자 네이트 파우스트(Nate Faust)가 새롭게 회사를 설립한 사연이 기사 내용이었다.

그는 집 앞에 쌓인 택배 상자 쓰레기 더미를 보고 이를 해결하고자 올리브(Olive)를 창업하게 됐다고 한다. 그는 한 인터뷰에서 온라인 활성화로 인한 택배 물동량 증가로 쓰레기가 늘어나는 것은 인류의 재앙이라며, 인터넷 쇼핑몰 사업자 출신으로 이에 대한 책임감을 느낀다고 했다.

올리브의 CEO 네이트 파우스트

"가득 쌓인 택배 상자를 정리하는 데만 30분이 걸렸다. 상자들을 질질 끌고 집 밖으로 나가자 이웃집마다 앞에 택배 상자가 수북하게 쌓여 있었다. 이건 미친 짓이라는 생각이 들었다."

그가 '미친 짓'이라고 생각하게 된 것은 온라인 쇼핑몰 창업자로서 자신이 저지른 재앙에 일말의 책임감을 품었기 때문이리라. 자신의 집 앞에 택배 상자가 넘쳐나는 것을 보고 온라인의 저주를 느끼지 않았을까? 마치 우리가 출퇴근할 때 지나치는 아파트 단지 재활용 공간에 택배 상자가 넘쳐나는 장면을 보고 왠지 모르게 불편한 심정이 되는 것처럼 말이다.

올리브는 미국인들이 매년 배출하는 100억 개의 택배 상자와 비닐 충전재를 줄이기 위해 '고객 → 쇼핑몰 → 고객'의 경로를 바꿨다. 그 방법은 의외로 간단하다. 올리브 모바일 앱을 통해 쇼핑하거나 웹에서 올리브 인터넷 브라우저 확장 프로그램을 설치하면 된다.

고객이 상품을 장바구니에 담고 결제 단계로 가면 배송 주소지에는 자동으로 고객이 사는 지역에 있는 올리브 물류센터 주소가 뜬다. 그러면 각 쇼핑몰은 주문된 상품을 해당 물류센터로 보낸다. 마치 직구를 할 때 배송대행지를 이용하는 것과 같다.

이렇게 모인 택배 상자는 올리브 물류센터에 모였다가 다시 고객한테 보내지는데, 일주일에 딱 한 번 배송된다는 게 특징이다.

고객은 원하는 요일을 '주간 배송일'로 지정할 수 있다. 이때 올리브는 여러 쇼핑몰에서 온 택배 상자를 제거하고 재활용 플라스틱 박스에 모아 담아 고객에게 배송한다.

여기서 핵심은 '주간 배송'과 '묶음 배송' 그리고 '반품 배송'이다. 올리브는 고객이 여러 쇼핑몰에서 주문한 상품을 주간 단위로 모아 지정일에 배송하기 때문에 묶음 배송이 가능해진다. 이때 나오는 각종 포장재나 쓰레기를 고객이 아닌 올리브가 대신 처리해준다. 구매한 제품이 마음에 안 들어서 반품해야 한다면 올리브가 대신 수거한다. 고객은 재포장을 할 불편함도 없다.

2021년 현재, 올리브가 제휴한 업체는 100여 개다. 아디다스, 마이클코어스, 코치, 에버레인 등 의류, 신발 업체가 대부분이다. 올리브는 쇼핑몰의 판매액 10% 정도를 수익모델로 잡고 있다. 배달, 반품 대행, 각종 쓰레기 수거와 처리까지 고객과 판매자가 해야 할 일을 일사천리로 해결해준 몫이다. 그렇다면 고객 입장에서, 쇼핑몰 입장에서, 올리브의 서비스는 어떤 혜택과 의미가 있을까?

우선 고객은 불편하다. 일주일에 단 하루 택배를 받아보기 때문에 속도가 훨씬 느리다. 반대로 편한 것도 있다. 택배 상자를 일일이 뜯고 정리하는 시간과 피로를 줄일 수 있다. 반품할 때도 앱에서 반품 버튼만 누르면 재포장할 필요가 없다. 무엇보다 매일 아침 쌓여 있는 택배 박스를 보면서 죄책감을 느끼지 않아도 된다.

쇼핑몰은 어떨까? 무엇보다 고객에게 일일이 택배를 보낼 필요가 없다. 올리브 물류센터로 보내면 나머지는 올리브가 해결해주기 때문에 배송이나 반품 관리가 쉽다. 쇼핑몰에서 올리브 물류센터에 상품을 보내는 과정에서 택배를 이용하게 되지만 이조차 올리브가 한꺼번에 처리하기 때문에 택배 상자를 더 효율적으로 처리할 수 있다. 폐지를 수거해 수익모델을 만들 수도 있다.

베인앤컴퍼니에 따르면 택배를 제각각 보내는 것보다 함께 묶어서 보내면 탄소 배출량이 35% 줄어든다는 연구보고가 있다. 온라인을 통한 모든 주문이 하나의 사이트에서 이루어지는 것처럼 택배가 한꺼번에 도착한다면 고객의 반응은 어떨까? 고객 스스로 탄소발자국을 줄이는 가치를 실감한다면 배송은 또 다른 사회적 가치 실현의 도구가 될 수 있다.

음식 배달, 마트 배송, 택배 등 물류산업 전반에 ESG['Environment(환경), Social(사회), Governance(지배구조)의 약자로 기업의 비재무적 성과를 측정하는 지표를 말함] 경영 실천이 화두다. 배송 속도가 느려지면 물류의 중요성이 줄어들 수 있다. 그러나 고객은 가치 있는 배송 서비스를 더 요구하고 있다. '아껴 쓰고 나눠 쓰고 바꿔 쓰고 다시 쓰기(아나바다)'에 가치배송 2.0 모델 전략이 숨어 있지 않을까.

::

무료 배송보다 무료 반품이 중요한 이유

물류 비용 증가냐 매출 증가냐 양날의 검이로다

'풀필먼트 바이 아마존(Fulfillment By Amazon, 아마존의 물류대행 서비스)'
도 온라인화에 성공하지 못한 상품군이 있다. 바로 신선식품과 패
션의류 분야다. 신선식품과 패션의류는 고객들이 상품을 직접 보
고 구매하는 방식을 더 익숙해하고, 상품 관리 측면에서 표준화가
쉽지 않으며, 사전 품질 예측이 어려운 상품군이기도 하다. 가전
등 공산품이나 도서와 같이 품질이 표준화돼 있고, 구매 후기나 사
진 설명만으로 품질에 대한 설명이 가능한 상품과는 다르다.

오프라인에서 경험하고 구매하는 데 익숙해진 사람의 구매 습관
을 온라인으로 바꾸는 것은 어려운 일이다. 수많은 기업이 온라인

신선식품 및 패션의류 유통 분야에 뛰어들었지만, 의미 있는 성과를 창출한 기업이 드문 것도 이 때문이다.

패션의류 분야에서 인공지능을 활용한 제품 추천 서비스로 연간 2조 원 매출을 올린 스티치픽스(Stitch Fix)라는 업체가 있다. 소비자의 취향을 빅데이터, 인공지능, 알고리즘에 기반을 두어 예측하고 최적의 제품을 추천하는 방식을 도입한 업체다.

그러나 스티치픽스도 소비자가 제품을 살펴보고 구매하는 기존 습관을 바꾸는 데 어려움을 겪고 있다. 여전히 대부분의 소비자는 기존 방식대로 오프라인 매장을 방문하여 직접 제품을 살펴보고 구매하고 있다.

아마존 역시 미개척 분야를 해결하고자 고군분투 중이다. 신선식품 분야를 강화하기 위해 홀푸드를 인수하며 신선식품 오프라인 매장을 대거 확보했다. 그러나 패션의류 유통은 여전히 아마존으로서도 어려운 숙제다.

고객 습관을 바꾼 결정적 한 방

미개척지에 대한 갈망 때문이었을까. 아마존은 2017년 6월부터 자체 물류 역량을 활용한 아마존프라임워드로브(Amazon Prime Wardrobe, 이하 워드로브)라는 패션의류 특화 서비스를 테스트하기 시작했다. 워드로브는 고객이 원하는 제품을 3개 이상 고른 후 주문하면 해당 제품을 모두 배송한 후 고객이 선택한 제품만 결제하고 나머지 제품은 무료로 반품하도록 도와주는 서비스다. 2021년 현재 1억 명을 돌파한 프라임 멤버십 가입 고객을 대상으로 서비스 중이다.

여기서 핵심은 '무료 반품'이다. 많은 소비자가 온라인으로는 패션제품의 사이즈, 재질, 스타일 등을 정확하게 판단하기 어려워 제품 구매를 망설이기 마련이다. 구매를 고민 중인 제품을 모두 하나의 박스에 담아 배송받고, 원하는 제품만 선택한 후 나머지 제품은 모두 무료로 반품할 수 있게 된다면 고객 관점에서 제품 구매에 대한 부담과 위험을 크게 낮출 수 있게 되지 않겠느냐는 게 아마존의 생각이다.

앞서 언급한 스티치픽스 또한 고객이 원하는 제품을 3~5개 고른 후 주문하면, 해당 제품을 고객에게 배송한 후 고객이 원하는 제품만 결제하고 나머지 제품은 무료로 반품하도록 도와주는 서비스를 제공 중이다.

하지만 스티치픽스의 경우, 고객이 직접 고른 상품이 아닌 스타일리스트가 추천한 5개 제품 중 몇 가지를 선택해야 하므로 제품 선택 범위가 제한된다는 단점이 있다. 반면 아마존의 워드로브는 고객이 원하는 제품을 모두 선택하여 무료로 배송받고, 자신이 원하는 제품 이외에는 무료로 반품할 수 있기에 고객 입장에서는 더 유연한 서비스다.

구매하길 원하는 제품을 한꺼번에 여러 박스에 담아 입어본 후 원하는 제품만 구매하고 나머지는 무료로 반품한다는 개념은 무료 배송만큼이나 혁신적인 서비스가 될 수 있다. 그동안 온라인 유통의 핵심 경쟁력이 빠르고 유연한 무료 배송에 있다고 인식됐지만, 무료 반품이 유통 경쟁력의 핵심으로 급부상하고 있다.

비용 절감 vs. 수익 창출

무료 반품으로 가장 유명한 기업으로 온라인 신발 판매기업 자포스(Zappos)가 있다. 2009년 아마존에 8억 5,000만 달러에 매각된 자포스는 365일 무료 반품이라는 혁신적 서비스로 온라인 신발 유통 분야에서 급성장한 기업이다.

패션의류와 마찬가지로 신발 역시 사이즈, 재질, 스타일에 대한 예측이 어렵다. 그러므로 당시 모든 구매에 대해 무료 반품을 365일 내 허용한다는 자포스의 서비스는 그야말로 파격 그 자체였다. 자포스는 무료 배송 및 반품에 따른 물류 운영 관리의 어려움을 해결하기 위해 키바(Kiva Robot)를 대거 활용했다. 이는 자포스를 인수한 아마존이 키바까지 인수하는 계기가 됐다.

물론 파격적 서비스의 반대급부도 있었다. 자포스는 30% 이상의 제품이 반품될 수도 있었기에 '제품 판매 물류'뿐 아니라 '반품 물류' 분야에서도 운영 비용이 급증했다. 커머스허브(Commerce Hub)의 연구에 따르면, 오프라인 유통의 경우 반품 비율이 9% 이하지만 온라인 구매의 경우 최소 30%의 상품이 반품되는 것으로 분석됐다. 또 UPS의 분석에 따르면 온라인 유통에 있어 제품가격 대비 반품 물류 비용은 20~65% 수준으로 온라인 기업에 큰 부담으로 작용하는 것으로 알려졌다. 만약 무료 반품 서비스를 제공하게 된다면 높은 물류 비용과 대규모 반품에 따라 수익성 창출이 어려워지는 구조다.

그럼에도 자포스가 무료 반품을 고수한 것은 매출을 급격히 늘릴 수 있다고 판단했기 때문이다. 《저널오브마케팅(Journal of Marketing)》에 실린 연구에 따르면, 무료 반품 서비스를 제공하는 기업의 경우 반품 서비스를 무료로 전환한 이후 평균적으로 457%의 매출 증가가 있었던 것으로 나타났다. 반품 프로세스가 효과적이고 용이할 경우 95% 이상의 고객이 해당 사이트에서 재구매할 의사가 있다고 분석된 결과를 보더라도 반품 프로세스의 중요성을 이해할 수 있다.

NRF(National Retail Federation)의 연구에 따르면, 2019년 기준 미국 온라인 쇼핑 고객의 35%가 반품 및 교환 프로세스에 만족하지 못하고 있는 것으로 나타났고, 30%의 고객은 무료 반품을 원하는 것으로 나타났다. 또 68%의 고객은 한 번 이상 상품을 반품한 경험이 있고, 60%의 고객은 상품을 오프라인 매장으로 반품하기를 원하고 있는 것으로 조사됐다. 특히 반품 서비스가 원활하지 않을 경우 80%의 고객이 구매를 보류하는 것으로 나타났다. 즉, 무료 배송이 아니라 무료 반품이 오프라인에서 온라인으로 고객을 이동시키는 핵심 열쇠가 되는 것이다.

양날의 검, 깊어지는 고민

무료 반품은 매출 증가라는 '득'과 비용 증가라는 '실'이 있는 양날의 검이다. 물류 프로세스를 완벽히 통제하지 못하는 기업에 있어 무료 반품 도입은 수익성 악화에 따라 지속적 서비스 운영이 어려워지는 결과를 낳을 수 있다. 그러나 효율적 물류 프로세스를 구축한 기업에는 무료 반품이 새로운 기회가 될 수도 있는 것이다.

무료 배송 시장이 아마존과 같은 온라인 기업의 독주였다면, 무료 반품은 월마트와 같은 오프라인 기업에도 기회가 되고 있다. 《비즈니스인사이더(Business Insider)》에 따르면 제품을 매장에 반품할 경우 전체 반품 물류 비용이 3달러 정도 들어가는 반면, 물류센터로 택배 등을 통해 반품할 경우 반품 물류 비용이 6달러 정도 소요된다고 한다.

매장에 반품하는 경우에는 재판매에 필요한 시간이 하루 정도지만 물류센터로 반품하는 경우에는 재판매에 4일 이상이 걸렸다.

오프라인 매장을 다수 보유한 월마트 입장에서는 아마존에 비해서 보다 더 효과적인 반품 프로세스 관리가 가능한 것이다.

일정 금액 이상을 구매하는 고객에게 무료 배송 서비스를 제공하는 것은 이제 대부분의 온라인 유통업체에 있어 기본 사항이 됐다. 고객 대부분이 무료 배송을 당연히 받는 기본 서비스로 인식하고 있는 것이다. 이는 풀필먼트와 관련된 인프라 투자 및 서비스 운영에 더 많은 기업이 관심을 두는 도화선이 됐다.

하지만 이제 고객들은 무료 배송뿐 아니라 무료 반품까지 기본 서비스로 인식하기 시작했다. 이는 곧 유통에 있어 물류의 중요성을 더 부각하는 요인이 된다. 물론 무료 배송과 무료 반품을 모두 제공하는 것은 '고객에게 더 쉽게' 다가갈 수 있는 이점과 함께 '수익성'이라는 숙제를 안긴다는 점을 기억해야 한다.

자포스는 키바 로봇을 가장 먼저, 가장 적극적으로 도입했던 기업이다. 365일 내 반품 정책은 자포스를 8,600억 원 가치의 온라인 기업으로 성장시키는 계기가 됐다. 이것은 결국 물류 서비스를 지배하는 기업이 성공한다는 것을 시사한다. 무료 배송에 이어 반품까지 무료가 되면 물류 프로세스를 어떻게 관리해야 할 것인가? 풀필먼트 전략에 대한 고민이 점점 더 깊어질 수밖에 없다.

효과적 반품을 위한
9가지 조언

효과적인 반품 프로세스를 운영하기 위한 기본 원칙은 두 가지다. 정확한 상품 정보 제공을 통한 '반품률 낮추기'와 물류 프로세스 운영 효율화를 통한 '비용 절감'이다. 커머스허브는 반품 프로세스의 혁신 전략으로 다음 아홉 가지를 제시한다.

① 제품 상세정보 제공

고객이 반품을 결정하는 가장 큰 이유는 온라인을 통해 확인한 제품과 실제 배송된 제품 사이에 차이가 있기 때문이다. 이를 해결하기 위해서는 처음부터 고객에게 다양하고 자세한 정보를 제공해야 한다. 고객의 충동구매를 유도하기보다는 정확한 정보를 바탕으로 한 실용적 구매가 이루어질 수 있도록 해야 한다.

② 상품 리뷰 권장

부정적인 리뷰가 올라올 가능성도 있어서 상품 후기를 정직하게 공개하는 건 부담이 따른다. 하지만 고객 리뷰는 기업이 제공하는 제품 상세 정보보다 잠재고객에게 더 큰 신뢰를 준다. 또 잘 구축된 리뷰 데이터는 오히려 제품에 대한 정보 관리 비용을 낮출 수 있다.

66

③ 풀필먼트 정확도 향상

상품의 사이즈 및 색상이 고객이 주문한 대로 정확히 배송되도록 풀필먼트 서비스 역량을 최대화해야 한다. 하루에 처리 가능한 물량이 증가할수록 물류 서비스의 복잡도가 상승한다. 자체 투자로 극복하기 어려운 분야인 만큼 전문 물류기업을 통한 복잡도 관리가 필수적이다.

④ 제품별로 다른 반품주소 설정

고객에게 각각 다른 발송지(매장 혹은 특정 물류센터)에서 상품을 배송했다고 하더라도, 재판매를 고려하여 반품 주소는 서로 다르게 설정해야 한다. 판매 장소로 반품 장소를 제한할 경우 오히려 반품 프로세스의 복잡도가 증가하게 된다.

⑤ 반품을 위한 통합 플랫폼 구축

상품 판매 및 배송과 관련된 온라인 플랫폼은 이제 꽤 많다. 반면 반품 전용 온라인 플랫폼에 대한 관심은 낮은 편이다. 제품의 반품을 원하는 고객에게 자세한 안내를 제공하는 반품 전용 온라인 플랫폼 운영이 필요하다. 또 반품 가능한 옵션을 다양하게 제공하여 고객이 마음에 드는 것으로 선택할 수 있도록 해야 한다.

⑥ 반품 가능 기간을 늘려라

텍사스주립대학의 연구에 따르면 고객이 반품 서비스를 이용할 수 있는 기간을 늘릴 경우 오히려 반품률이 감소한다고 한다. 반품 가능 기간이 짧을 경우 고객이 급하게 반품하게 되지만, 반품 기간이 여유로우면 고객이 고민할 수 있는 시간 또한 함께 늘어나 반품을 안 할 수도 있다는 것이다.

⑦ 오프라인 매장 통한 반품 제공

매장을 통한 반품이 택배를 통한 반품보다 비용은 낮고 반품 편의성은 높다. 더불어 반품을 위해 매장을 방문한 고객이 다른 제품을 구매할 확률도 올라간다. UPS의 분석에 따르면 반품을 위해 매장을 방문한 고객 중 62%가 매장에서 추가 구매를 한 것으로 조사됐다.

⑧ 반품 물류비의 지급 주체 명확화

기본적으로 가장 좋은 정책은 온라인 판매기업이 반품 물류 비용을 부담하는 것이다. 무료 반품에 대한 부담은 있지만, 물류 프로세스 관리 역량을 높여 매출 확대에 따른 수익을 기대할 수 있다. 만약 고객에게 반품 비용을 부담시킨다면 처음부터 명확히 안내해야 한다.

⑨ 블랙 컨슈머 관리

좋은 의도로 무료 반품 서비스를 제공한다고 하더라도 고객이 이를 악용하는 것은 막을 수 없다. 각종 연구에 따르면 전체 구매의 약 3.5% 비율로 악의적 반품이 발생한다고 한다. 반복적이고 의도적인 블랙 컨슈머라면 별도로 관리할 필요가 있다.

오늘 먹을 회를 산지직송으로?

온라인 마트가 된 수산시장

지금 당장 생선회가 먹고 싶다면? 수산시장, 대형마트, 배달 앱 중 무엇을 선택할 것인가? 횟감을 잘 알고 가격과 시세에 밝은 흥정의 고수라면 수산시장에 가볼 만하다. 그러나 회를 잘 모른다면 가까운 대형마트를 찾거나 배달 앱이 편할 수 있다. 바가지 쓸 걱정이나 사기당할 일이 덜하고 호객행위의 불편함도 피할 수 있을 테니 말이다.

회를 먹는 방법에는 이외에도 선택지가 있다. 동네 횟집을 찾을 수도 있고, 부모님이나 지인이 바닷가 근처에 살거나 어업에 종사한다면 그 기회를 이용할 수도 있다. 미리 부탁하고 원하는 날짜에 맞춰 고속버스, KTX, 항공편을 통해 받으면 된다. 현지에 지인이 없어도 괜찮다. 포항, 목포, 속초 등의 횟집에 전화로 주문하면 된다. 간판에 '욕지도 당일 배송', '강구항 산지 직송' 같은 문구가 쓰여 있는 횟집 대부분이 이 같은 방식으로 해산물을 보내준다.

그런데 회는 언제, 어떻게 사 먹게 될까? 음식을 사 먹을 때 특별히 날짜와 방법이 정해져 있거나 규칙이 있는 것은 아니다. 누구는 연인이나 친구와 술안주를 고르다가, 누구는 직장 동료와 회식 장소를 찾다가, 누구는 가족과 함께할 외식 메뉴를 고민하다가 회를 선택할 수 있다.

그렇다면 질문을 '누가 회를 사 먹느냐?'로 바꿔보자. 회를 언제, 어디서, 어떻게 사 먹는지가 사람마다 다른 이유를 '누구'에서 찾을 수 있지 않을까?

마트의 수산물을 온라인으로

생선회 등 수산물을 팔아 하루 매출 1억 원을 올리는 기업이 있다. 단순 계산해보면 이 회사에서 판매하는 1만 2,900원짜리 1인용 자연산 광어회가 하루 7,751개가 팔리는 것이다. 온라인 수산 식품 마트 '오늘회' 이야기다. 오늘회는 온라인으로 생선회를 판다. 당일 오후 3시까지 주문하면 오후 7시까지 배송한다. 생선회뿐 아니라 딱새우, 성게알, 전복, 해삼 등 200여 가지 수산물을 취급한다. 제주, 통영, 포항, 삼척 등 전국 100여 곳에 거래처가 있다.

오늘회는 마켓컬리의 새벽배송, 쿠팡의 로켓프레시, 이마트의 쓱배송처럼 온라인으로 주문을 받아 식료품을 배송해준다는 점은 같다. 다만 주력 상품이 생선회와 수산물이고 배송 시간이 온라인 마트보다 더 짧은 것이 특징이다. 2016년 12월 판매를 시작한 오늘회의 매출은 2017년 2억 원, 2018년 10억 원, 2019년에는 21억 원이었다. 그리고 2020년은 목표했던 매출 135억 원을 돌파했다.

오늘회처럼 최근 온라인 마트의 성장 비결은 1인 중심 소비 증가에서 단서를 찾을 수 있다. 특히 온라인 마트는 빠른 배송과 맞물려 성장 속도가 가파르다. 편의점이나 대형마트의 배송 속도도 점

한국의 1인 가구 증가 전망

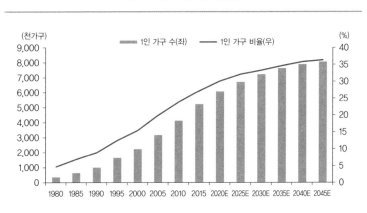

자료: 이베스트투자증권

차 빨라지고 있으나 온라인 마트처럼 포장 단위가 작지는 않다. 온라인 마트는 채소, 과일, 정육, 수산물 등 신선식품의 포장 단위가한 끼 단위로, 한 번에 담을 수 있는 크기로 더 작아졌다. 국내 1인가구의 비중은 2045년 전체 가구의 35%까지 늘어날 것이라는 전망이다. 다품종 소량 구매가 증가할 공산이 큰 이유다.

온라인으로 누가 회를 사 먹어?!

전통적 수산업계는 디지털 전환 속도가 더디다. 농산물과 축산물은 온라인 판매에 발 빠르게 적응하고 있지만, 수산물은 그 변화에발맞추지 못하고 있다. 전국 대표 수산물 시장의 시설물은 현대화·대형화 추세로 가고 있지만, 유통, 물류, 판매 등의 시스템은 개선의 여지가 있다. 오늘회가 수산시장에서 찾은 이커머스 비즈니스기회는 여기서부터 시작된다.

　오늘회는 회를 온라인으로 구매하는 소비자, 즉 '누가 사 먹느냐'에 대한 질문을 가장 먼저 던졌다. 대도시에 거주하는 20~30대 젊은 소비자는 회를 잘 모른다. 우연한 기회로 여러 번 먹기는 했지만, 막상 회를 사 먹자면 고민이 많아지는 고객층이다. 이들은 수산시장이나 횟집보다 덜 신선하더라도 기다리지 않아도 되고 바가지를 쓰거나 사기당할 일도 없어서 대형마트에 간다.

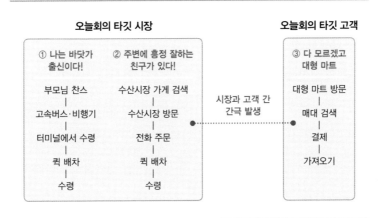

오늘회의 타깃 시장과 타깃 고객

오늘회의 타깃 시장

① 나는 바닷가
출신이다!

부모님 찬스
|
고속버스·비행기
|
터미널에서 수령
|
퀵 배차
|
수령

② 주변에 흥정 잘하는
친구가 있다!

수산시장 가게 검색
|
수산시장 방문
|
전화 주문
|
퀵 배차
|
수령

시장과 고객 간
간극 발생

오늘회의 타깃 고객

③ 다 모르겠고
대형 마트

대형 마트 방문
|
매대 검색
|
결제
|
가져오기

자료: 오늘회

김재현 오늘회 대표는 "회를 잘 몰라도 신선하고 맛있게 먹을 수 있는 경험이 오늘회가 고객에게 전달하는 메시지"라며 "수산물을 살 때 고민과 걱정이 사라지는 경험, 밖에 나가지 않아도 되는 경험, 가격 흥정을 하지 않아도 되는 경험 등이 차별화 요소이자 혜택"이라고 말한다.

'내 손안의 모바일 수산 마켓'을 캐치프레이즈로 내세운 김재현 대표는 스스로 "회가 더는 특별한 음식이 아니다"라고 말한다. 대신 일상에서 쉽게 즐길 수 있는 음식이라고 말한다. 즉 회를 경험할 수 있는 빈도가 높아져야 회 소비가 늘고, 오늘회 방문객이 더 많아진다는 것이다. 또 "'고기 대신 회', '생일이니까 회 케이크', '한강에서 맥주와 함께 즐기는 회' 등과 같이 회를 금방 떠올릴 수 있는 상황 자체를 만들어주고, 그 맥락에서 상품이 기획돼야 서비스가 가능해진다"라고 설명했다. 특별하고 전문적인 공간이 아닌 일상생활에서 회를 경험할 수 있는 서비스를 만들고, 더 많은 사람이 더 많은 상황에서 더 많은 용도로 더 편하게 회를 이용할 수 있게 하는 것이 오늘회의 목표다. 즉 소비자 설정을 통한 타깃 소비자의 온라인 구매 경험을 유도하고 흥미를 유발하는 게 시작점이다.

오늘회의 회원은 15만 명이고, 사이트 한 달 접속자(Monthly Active Users, MAU)는 35만 명에 이른다. 고객의 수산물 구매 경험을 자체 조사한 결과 '신선함'보다는 '성공적'이라는 키워드에 방점을 맞추는 것으로 나타났다. 돈을 주고 구매했는데 실패하지 않았다는 안도감이 더 컸다는 것이다. 이제 막 시작된 수산물 온라인화 과정에서 공급자 관점과 소비자 입장에 차이가 크다는 점을 보여주는 대목이다.

수산물 공급망의 복잡성

오늘회 직원은 총 25명이다. 이 중 개발자가 약 30%를 차지한다. 마케팅과 상품 팀보다 배송과 개발 팀의 인력 비중이 높다. 오늘회의 비즈니스 모델은 수산물 공급 업체(1차 원물 사업자 – 2차 가공 사업자 – 3차 제조업자)와 각각 계약을 체결하고, 기획에서 상품 출시까지 전

과정에 걸쳐 이들을 연결하는 데 집중돼 있다. 수산물의 특성상 유통 과정에서 선도 문제가 발생하기 때문에 공급 업체는 당일 생산을 해야 하는 구조다.

앞서 언급한 것처럼 오늘회의 가장 큰 가치는 고객 경험이다. 이 때문에 회사는 고객의 수산물 구매 경험을 망가뜨리지 않는 것을 최우선으로 한다. 다양한 제철 메뉴를 온라인으로 사시사철 판매하여 구매 안정성을 꾀하고, 신선함 유지를 위해 당일 손질, 당일 배송을 원칙으로 한다. 이를 위한 실시간 ERP 구축과 시스템 안정이 무엇보다 중요하다.

수산물의 원활한 공급을 가로막는 요소는 많다. 장마나 태풍 등 날씨 때문에 현지 조업이 불가능할 수도 있고, 운송 등 물류 과정에서 사고가 날 수도 있다. 이런 일이 발생했을 때 구매 취소나 품절로 이어졌다고 하자. 그렇게 한번 발길을 돌린 소비자를 다시 구매 결정으로 이끌기란 쉽지 않은 일이다. 이 때문에 오늘회는 고객이 긍정적인 경험을 계속할 수 있게 주문과 공급의 정교한 매칭, 즉 예상 발주 자동화, 주문 배송 자동화 등 시스템 고도화를 이루는 데 힘쓰고 있다.

김재현 대표는 "온라인 구매 시 품절 등 고객의 불편한 경험을 최소화하기 위해 고객 주문량을 예측하는 예상 발주 시스템을 자동화했는데, 2~3일 뒤의 주문량까지 예측해서 생산자에게 데이터를 제공하고 있다"라고 설명했다. 오늘회에 개발자가 더 많이 투입되는 이유는 수요와 공급의 오차 범위를 줄여야 판매와 생산성이 높아진다는 것을 알기 때문이다.

사업 모델은 온라인 배송

온라인으로 어떤 물건을 판매하든 그 물량이 적고 많음을 떠나 소비자에게 전달되는 제품의 오프라인 배송 과정을 건너뛸 수는 없다. 더욱이 주력 상품이 신선식품이라면 배송 서비스의 정시성과 안정성은 더 중요하다. 온라인에서 판매되는 신선식품의 비중이 커질수록 쿠팡이나 마켓컬리 등 온라인 마트와 신세계나 롯데 등 대형마트의 온라인 사업 부문은 배송 인프라 확충이나 물류 시설

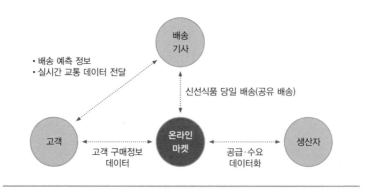

오늘회의 비즈니스 모델

자료: 오늘회

의 자동화 투자에 더 공을 들인다. 그 이유는 대부분의 온라인 구매 경험이 배송 서비스에서 차별화되기 때문이다.

오늘회처럼 수산물을 전문으로 취급하는 온라인 마트에서 정시 배송과 이를 뒷받침하는 물류센터 구축은 시장 진입 시 가장 큰 도전 과제이자 고객의 좋은 구매 경험을 만드는 경쟁 요소가 된다.

서울에 있는 오늘회 물류센터에는 제주, 거제, 포항, 김포 등 전국 각지에서 6,000여 개의 상품이 오후 1시까지 올라온다. 고객의 주문이 전날 오후 3시부터 당일 오후 3시까지 완료되면, 오늘회에서는 전날 저녁 7시부터 당일 오후 3시까지 팔 수 있는 예상 물량을 예측해 전국의 업체에 일괄적으로 발주한다. 업체는 회를 생산할 수 있도록 인력과 원물 등을 확보하고 배송 당일 오전 9시부터 생산에 들어가게 되는 구조다.

오늘회의 배송팀은 배송 당일 오전 9시부터 오후 1시까지 배송 준비 작업에 들어간다. 지역별 배송 경로를 만들고, 지역에 따라 당일 배송이 가능한 배송 기사를 연결한다. 배송 기사가 센터에 도착해 배송 제품을 수거하기 직전인 오후 3시까지는 주문이 들어온 상품을 포장하고 이때 배송 경로에 따라 주문 배송 물량 추가 메시지를 배송 기사에게 전달한다.

온라인 주문 기반이다 보니 배송이 시작된 오후 3시 이후에 고객의 주문 변경이나 취소 등이 발생하기도 한다. 제품 포장이 완료됐는데 주문 내용이 변경되어 재포장해야 하는 일도 빈번하다. 한

오늘회의 배송 최적 경로 시스템

14시 45분
배송기사
A에게 배차
→
14시 57분
해당 지역 추가
주문 발생
→
① 최적 경로를 다시 설정해야 함
② 변경된 배송순서를 기사에게 빠르게
안내해야 함
③ 배송해야 하는 박스의 총 개수를 인지
시키고 처리해야 함

마디로 오후 1시부터 3시까지의 오늘회 물류센터 현장은 전쟁터를
방불케 한다.

김재현 대표는 "긍정적인 고객 경험을 위해서는 물류와 배송 처
리가 가장 중요하다"라며 "오늘회 물류센터는 오후 1시부터 오후 3
시까지 벌어지는 다양한 변수를 시스템적으로 제어하고 효율을 더
욱 높이고자 노력하고 있다"라고 말한다.

오늘회는 이외에도 고객에게 배송 상황을 알려주기 위해 도착
예정 시간과 실시간 위치 정보를 제공한다. 오늘회의 디지털 혁신
의 방향성 또한 '직원들의 업무 처리 방식'과 '소비자의 온라인 구매
경험'이라는 두 측면에서의 물류 개선에 방점을 맞추고 있다는 걸

앞선 과정을 통해 쉽게 이해할 수 있다.

새벽배송 하면 마켓컬리를 떠올리는 것처럼 소비자는 배송 서비스 자체를 하나의 브랜드로 소비하고 있다. 오늘회도 마켓컬리처럼 물류를 품에 안은 유통 비즈니스 모델이다. 애초부터 배송을 전면에 내세워 수산 식품 유통 채널을 만들었다 해도 무방하다.

먹을 것은 인류에게 지출이 가장 많은 항목이자 매우 반복적이고 정기적인 구매가 이루어지는 대상이다. 그래서 대형마트나 재래시장 등 오프라인 장보기에서 신선식품은 가정주부에게 엄청난 노동과 스트레스를 준다. '당장 먹을 음식 재료를 제때, 자신이 있는 곳으로 가져다줄 수만 있다면……'이라는 니즈를 충족해준다는 점에서 오늘회는 일상생활을 바꾸는 라이프 플랫폼(Life Platform)이라 볼 수 있다. 신선식품 출하에서 판매, 배송까지 전 과정을 '소비자가 장보기의 수고로움에서 해방되는 것'에 목적을 두고 개선함으로써 온라인 배송의 성장을 이끌 수 있지 않을까.

：

그 순댓국집의 회전율이 빠른 비결
아날로그 대기 명단에서 SCM의 진수를 보다

이틀 연속 순댓국을 먹었다. 내 사무실에는 하루에도 서너 명씩 손님이 방문한다. 그때마다 점심을 대접하는 나로서는 순댓국집처럼 가성비 넘치는 맛집이 반갑다. 강남역과 선릉역을 잇는 테헤란로 인근과 시청 앞 북창동 주변에서 근무하는 직장인이라면 한 번쯤 들어봤거나 가봤을 만큼 유명한 순댓국 집이다. 바로 농민백암순대(이하 농백순)다. 아는 사람들 사이에서 이곳은 '해장의 성지'로 불린다. 안 가본 사람은 있어도 한 번만 가본 사람은 없다는 말처럼 나는 시간이 될 때마다 이 집에 들른다.

웨이팅 기본 30분이지만 기다림은 없다?

서울 강남 선릉에 위치한 농민백암순대는 매일 오전 11시 10분부터 점심 판매를 시작한다. 평일은 보통 10시 반부터 손님이 줄을 서는데, 내가 가게에 도착하자마자 가장 먼저 하는 일은 현관 앞에 비치된 대기자 명단에 이름을 적는 것이다. 농백순은 대기자 명단을 통해 점심 장사에 판매될 메뉴와 수량을 사전에 비교적 정확히 파악할 수 있다.

대기자 명단 보드에는 '김 3', '최 2', '박 4' 등의 방식으로 성씨와 인원수가 적혀 있다. 시작과 동시에 10여 분 만에 대기 순번이 꽉 찬다. 흥미로운 건 대기자 명단에 성씨가 아닌 'K3', 'P4' 등 영어

백민농암순대 선릉 본점의 대기자 명단

이니셜을 쓰거나 '용', '환', '결' 등 이름 끝자를 적는 경우다. 주로 '김', '이', '박' 등 비슷한 성씨를 가진 사람들끼리 호출 순서가 헷갈릴까 봐 내놓은 혜안이다. 가게에서 따로 방법을 알려주지 않았는데도 손님들 스스로 최적화 방안을 찾아낸 것이다. 간혹 한자로 표기하는 사람도 있는데, 호명할 때 매장 직원의 표정이 어두워지는 걸 몇 번 봤다. 그래서 나는 한자로 적는 건 추천하고 싶지 않다.

매장 직원을 대표하는 매니저는 대기판 순서에 따라 손님을 응대한다. 손님이 일찍 도착했다고 해서 먼저 테이블에 앉지 않는다. '대기판에 이름 적기 → 호출하기 → 인원 확인하기 → 지정된 좌석으로 안내하기' 순으로 응대한다. 자리를 배정받았다고 바로 음식을 주문할 수도 없다. 대기 손님이 매장을 꽉 채운 이후 입장 순서에 따라 주문을 받는다. 다소 불편하고 인내심이 필요하지만 손님들은 서로 약속이나 한 듯이 상황을 빠르게 수긍한다.

어떤 테이블은 '보통 1, 순대만 1', 어떤 테이블은 '정식 3, 보통 2', 어떤 테이블은 '특대 1, 순대만 1' 등 주문이 제각각이다. 매우 복잡해 보이지만 매장 직원은 침착하게 받아 적는다. 주문 담당 직원은 한 명이다. 그 직원이 주방을 향해 오더를 내리면 홀 직원들은 너 나 할 것 없이 복명복창하며 주문 내용을 재확인한다. 그리고 주방은 카운터 포스에 찍힌 주문에 따라 일사천리로 음식 조리에 들어간다.

15평 남짓의 홀 공간에 직원은 4~5명이지만 각자 역할이 다르다. 자리를 안내하는 직원, 주문을 받는 직원, 음식을 서빙하고 테이블을 정리하는 직원, 계산을 담당하는 직원, 깍두기, 부추, 풋고추 등 반찬을 리필해주는 직원 등 할 일은 명확하게 분업화돼 있다.

자세히 살펴보니 주문을 받은 직원이 홀에 입장한 손님들의 1차 주문 접수를 마친 후 매장 곳곳을 돌아다니며 부족한 밑반찬을 챙기고 있었다. 손님이 반찬 추가를 일일이 부탁하지 않아도 적시에 알아서 채워주니 가히 서비스의 백미(白眉)다. 점심 웨이팅만 기본 30분이지만 손님은 그 이상의 보상을 받는다. 기다렸지만 기다림은 없는 셈이다.

사이렌 오더? 아니 대기 오더!

농백순은 현재 선릉 본점과 강남역점, 시청점 모두 세 곳을 운영 중이다. 손님이 미어터지는 인기에도 불구하고 매장을 공격적으로 확장하지 않는다. 얼마 전 반가운 소식이 있었는데, 바로 선릉 본점에 신관을 새롭게 오픈한 것이다. 이 지역 고객들은 환호했다. 물론 그렇다고 점심 식사 대기가 사라진 것은 아니다. 다만 그 고충이 이전보다 덜한 정도다.

점심시간이 한참 지난 후에도 이 집은 문전성시를 이룬다. 영업 시작인 오전 11시 10분부터 마감인 오후 9시까지 그야말로 인산인해다. 참고로 농백순은 영업시간 내 브레이크 타임이 없다. 코로나 19 여파로 많은 식당이 문을 닫고 영업손실을 보고 있는 것과는 사뭇 다른 풍경이다.

농백순은 북새통 속에서도 어떻게 수많은 손님의 서로 다른 주문 내용에도 빠르고 정확하게 응대할 수 있을까? 대기는 했어도 손님이 기다림은 없었다고 여기는 비결은 대체 무엇일까?

스타벅스의 사이렌 오더는 잘 알려졌다시피 스마트폰 앱을 이용해 방문할 매장을 지정하고 음료를 사전에 주문하는 방법이다. 손님은 매장 내 주문과 결제 대기부터 음료 제조에 걸리는 시간을 절약할 수 있다. 이외에도 회사는 매장 내 체류 시간을 줄여 효율화를 높이고, 적립금 등 자동결제 시스템을 활용한 금융 수익도 창출하고 있다.

농백순의 대기 오더는 사이렌 오더와 많이 닮았다. 스타벅스처럼 그럴싸한 IT시스템을 갖추지 않았지만, 대기자 명단 작성이라는 아날로그 방식을 통해 음식 주문에 대한 수요예측의 정확성을 높이고 있다. 성씨와 인원수로 순댓국 주문 개수를 미리 파악할 수 있는데, 홀과 주방은 이 정보를 기준으로 음식 준비와 테이블 세팅을 한다.

더 유심히 살펴보면 메뉴판에도 수요예측의 정확성을 높이는 비밀이 있다. 메뉴를 관통하는 메뉴 구성의 공통점은 순댓국이라는 점이다. '일반', '특대', '순대만', '정식' 등 각각의 다른 메뉴처럼 보이지만 그 기본은 순댓국의 기본이 되는 육수와 양념이다. 여기에 주문에 따라 재료를 어떻게 넣을지, 더 많이 넣을지만 결정하면 되는 구조다.

매장 운영에만 집중하여 비효율을 없애라

농백순은 매장 운영에 최적화된 주문 방식과 운영 프로세스를 갖췄다. 그 흔한 배달 서비스도 시행하지 않는다. 다만 현장을 찾은 고객한테는 포장 판매를 하고 있다. 어느 날은 농백순 직원에게 배달 서비스를 하지 않는 이유를 물었는데, 돌아온 대답은 "글쎄요?"였다. 사실 매장 판매량만 해도 특별히 배달 욕심을 낼 이유가 있을까 싶다.

또 색다른 점은 저녁 인기 메뉴이자 가격이 가장 비싼 돼지수육은 점심과 저녁을 나눠 하루에 한정된 물량만 판매한다는 것이다. 이는 신선하고 질 좋은 고기를 제공하는 것은 물론 객단가 높은 메뉴의 빠른 소진을 유도하는 이 집만의 차별화 전략으로 보였다.

순댓국을 먹으면서 IT시스템 없이 하루 평균 20만 건의 도시락을 배달하는 인도 다바왈라의 천재적인 성공 사례가 떠올랐다. 다바왈라는 세계적인 음식 배달 업체 우버잇츠도 고개를 절레절레

인도의 도시락 배달부 다바왈라

흔들게 만든, 125년 전통의 인도 도시락 배달부다. 뭄바이에는 무려 5,000명 이상의 다바왈라가 수백 개의 그룹으로 나뉘어 각자의 맡은 역할을 톱니바퀴처럼 수행하며, 매일 20만 개의 점심 도시락을 배달한다. 배달 물량만큼 놀라운 점은 기계보다 더 치밀한 배달의 정확성이다. 다바왈라의 배달 실수는 대략 한두 달에 한 번 있을까 말까인데, 이게 얼마나 적은 것인지는 수치로 환산해보면 쉽게 와닿는다. 600만 개 또는 1,200만 개 중 1개가 배달에 실패하는 셈이니 거의 100%에 가까운 배달 성공률이라 할 수 있다.

우리는 새로운 것이 오래된 것을 뒤집는 시대에 살고 있다. 그러나 때로는 그 어떤 현대 기술도 뛰어넘을 수 없는 전통의 가치가 빛을 발한다. 선릉역 점심시간에 만난 농백순도 아날로그 방식을 취하고 있다. 주문, 제조(조리), 판매(서빙)까지 매장 내에서 자신들만의 방식대로 SCM(Supply Chain Management) 질서를 따랐다. 대기자 명단을 활용해 주문할 메뉴와 수량을 예측했고, 배달이 아닌 매장 운영에 집중하면서 빠르고 정확한 홀 서비스를 제공해 고객의 만족도를 높이는 데 성공했다. SCM에 정답은 없다. 다만 기업, 환경, 시대 변화에 따른 철학이 있을 뿐이다. 나는 단골 순댓국집에서 훌륭한 SCM을 맛보았다.

PART 2

비대면 소비 시장, 물류는 어떻게 바뀌어야 하나

:

30년 역사의 택배 방식이
바뀔지도 모른다
공유경제형 물류 서비스의 급부상

허브 앤 스포크(Hub and Spoke)는 FedEx의 창립자 프레드릭 스미스가 적용한 것으로, 미국 내 지역에 화물 집결지인 허브를 만들어, 모든 화물을 일단 허브에 모은 다음 재분류하여 미국 전역으로 24시간 이내에 배송하는 방식이다. 30여 년 넘게 허브 앤 스포크 방식은 배송의 표준이었다. 그런데 이를 기반으로 상호보완적 관계를 유지해오던 유통과 물류산업의 분업 체계에 균열이 생겼다.

2000년대 초반 홈쇼핑이 활황일 때, 택배업은 '황금알을 낳는 거위'로 불릴 만큼 직접적 수혜대상이었다. 물론 택배가 없었다면 홈쇼핑이 판매한 상품을 소비자에게 제때 배송할 수 없었겠지만 말이다.

그런데 몇 년 전부터 이커머스가 물류사업 흥행의 바통을 이어가고 있다. O2O(Online to Offline), 온디맨드 등 신유통 채널의 등장으로 이른바 라스트 마일(Last mile, 고객과의 마지막 접점) 배송 서비스가 떠오른 것이다. 온라인 거래가 흥하면 흥할수록 오프라인 서비스 영역이 더 중요해진다. 누군가가 온라인에서 상품을 팔아도 오프라인 영역의 배송을 거치지 않고서는 그 상품이 누군가에게 전달될 수 없기 때문이다.

유통과 물류업의 분업 체계에 생긴 균열

유통업과 물류업은 오래전부터 각각의 영역에서 전문화를 이루며 분업 체계를 공고히 해왔다. 택배 분야에서는 이미 표준화된 서비스 체계를 갖춘 물류기업이 전문적인 영역을 단단히 구축했다.

택배는 공급자 측면에서 네트워크 효과가 큰 산업이다. 대규모 허브 터미널을 구축하고 화물 분류를 자동화하는 과정에서 규모가 커질수록 원가는 더욱 감소하는 규모의 경제가 바로 택배산업의 핵심 경쟁력이다.

그래서인지 온라인 전자상거래 물량이 폭발적으로 증가하는 요즘 같은 상황에도 배송을 자체적으로 제공하는 유통기업은 찾아보기 힘들다. 물론 아마존, 알리바바 등 이커머스가 물류창고를 자체적으로 운영하는 사례는 많다. 그러나 배송만큼은 물류기업의 택배 서비스를 이용하는 것이 일반적이라는 이야기다.

유통업과 물류업의 공고한 분업 관계에 균열이 생기고 있다. 쿠팡의 로켓배송 서비스나 아마존의 직접 배송 서비스 DBA(Delivery By Amazon)가 대표적이다.

특히 아마존은 FedEx, UPS 등 물류기업과의 협업을 점차 줄이고 직접 배송 서비스를 제공 중인데, 아마존 플렉스(Amazon Flex)는 일반인을 택배 기사로 활용한 것이다. 풀필먼트 바이 아마존으로 물류창고를 혁신하는 데 대규모 투자를 진행해온 아마존이 배송 분야로까지 서비스를 확대하고 있는 것이다. 중국의 징동(JD.com)처럼 정규직 택배 사원을 고용해 자체 배송 네트워크를 구축한 유통업체도 있다. 아마존, 징동, 쿠팡 등 이커머스가 당일배송과 같은 서비스 차별화를 위해 대규모 적자까지도 마다하지 않고 있다.

이러한 변화는 어디에서 기인한 것일까? 라스트 마일 영역에서 감지되는 변화의 흐름에서 그 단서를 찾을 수 있다. 우선 택배 서비스의 형태를 살펴보자. 한국은 익일 배송이, 미국에서는 'D+2일' 배송이 표준화되어 있다. 최근 아마존은 한국처럼 익일 배송 체계 구축을 위해 미국 전역에 화물항공기 운행 대수를 늘리고 있다.

택배 서비스의 핵심은 경제적이고 안전하게 상품을 배송하는 데 있다. 유통기업이 새로운 배송 서비스를 실험하고 있다는 소식이 곳곳에서 들려오지만 아직 택배 서비스의 주류가 국내에서는 CJ대한통운, 롯데, 한진이고, 미국에서는 FedEx, UPS라는 점을 부인할 수 없다.

앞서 이야기했듯이 유통업체가 이미 네트워크를 구축한 물류기업과 직접적으로 경쟁하여 원가를 더 낮추기는 쉽지 않다. 일례로 일본에서 야마토에 의존하지 않기 위해 노력하는 아마존재팬도 협력업체 관리에 어려움을 겪고 있다.

하지만 이커머스 시장에서 속도 경쟁과 차별화 경쟁이 치열해지면서 기존의 표준화된 택배 서비스는 한계에 다다랐다. 유통업체 간 서비스 경쟁이 심화될수록 택배 서비스를 혁신하려는 움직임이 뚜렷하게 나타나고 있다.

변화의 기로에서 탄생한 공유경제형 물류 서비스

'허브 앤 스포크'로 불리는 중앙 집중형 배송 네트워크 구조는 지금까지 가장 효율적인 물류 방법론이다. FedEx와 UPS, 야마토와 사가와큐빈 등 모두 허브 앤 스포크 방식을 활용해 경쟁력을 유지해왔다. 국내에서도 CJ대한통운, 롯데로지스틱스, 한진은 메가 허브 터미널 구축과 같은 대규모 투자를 통해 경쟁력을 확보하고 있다.

허브 앤 스포크

Point-to-Point

Hub-and-Spoke

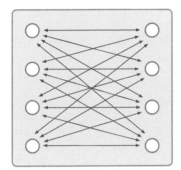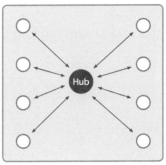

하지만 고객 밀도가 낮은 넓은 지역에 더 빠른 서비스를 제공하는 것이 새로운 숙제로 떠오른 상황에서 허브를 통해 화물이 중개되는 방식의 서비스 모델은 시간 측면에서 비효율적이다. 더욱이 대규모 네트워크 구축에 고정으로 드는 비용을 상쇄하는 데 어려움을 겪을 수밖에 없다.

출발지와 목적지를 직접 연결하는 포인트 투 포인트(Point to Point) 방식을 넘어 FedEx의 허브 앤 스포크 방식이 물류시장의 표준으로 자리 잡은 지 30여 년이 지났다. 유통업계의 '속도 경쟁'과 '차별화 경쟁'의 변화가 새로운 형태의 물류 네트워크 모델을 요구하게 된 까닭이다.

유통업의 변화로 위기를 맞이한 물류시장에 '공유경제형 물류(Sharing Economy Logistics)'가 그 대안으로 급부상 중이다. 호텔 자산을 하나도 보유하지 않은 에어비앤비가 대규모 호텔 체인을 뛰어넘었고, 우버는 택시 한 대 보유하지 않고도 택시 시장을 빠르게 잠식했다. 이들은 네트워크 인프라에 대한 고정비 지출을 최소화하는 한편 기존 인프라를 실시간으로 연결하는 과정에서 경제성 확보의 가능성을 증명했다.

계획을 미리 세운 뒤 대규모 운송을 할 수 있는 '퍼스트마일(First mile)'과 달리 '라스트 마일' 물류는 모든 것이 불확실하다. 이러한 라스트 마일 물류에서 공유경제형 서비스를 도입하는 것은 어쩌면 당연한 선택일 수 있다. 공유경제형 서비스는 이미 투자·구축되어 있는 자산을 더 효율적으로 사용할 수 있는 방법이다. 택시, 버스, 트럭이 운송 서비스를 제공하고 있고 그 곳곳에는 빈 공간이 많다. 공유경제형 서비스는 그 빈 공간에서 기회를 발견해 탄생한 것이다.

DHL은 '공유경제형 물류 서비스'라는 보고서를 통해, 공유경제형 서비스가 바꾸어가는 물류 시스템을 상세하게 분석한 바 있다. 이 보고서에 따르면 음식 배달 서비스를 제공하는 포스트메이츠(Postmates)는 빠른 서비스를 제공하기 위해 자체 배송 인력을 확보하는 동시에 등록만 하면 누구나 배송 서비스를 제공할 수 있도록 해 배송 인력을 꾸리고 있다. 누구든 원하는 시간에 원하는 장소에서 원하는 시간만큼 배송 서비스를 제공하고 그만큼의 수익을 창출할 수 있게끔 만든 것이다.

고객을 대신해 장보기 서비스를 제공하는 인스타카트(Instacart)

역시 오프라인 매장에서 장을 보는 인력을 자체적으로 고용하기보다는 등록한 사람은 누구나 배송을 할 수 있도록 공유경제형 물류 서비스를 적극 활용하고 있다. 미국의 옴니(Omni)도 도심 보관 서비스에 공유경제형 물류 서비스를 접목했다. 도심 내에 비어 있는 공간을 대거 확보한 뒤 원룸이나 공간이 부족한 아파트에 거주하는 사람들에게 물품 보관 서비스를 제공한다.

공유경제형 물류 서비스는 미활용 공간, 미활용 운송 자산, 시간 여유가 있는 일반인을 적극 활용하여 기존의 물류 서비스와 경쟁할 수 있는 기반을 마련한다. 정형화되고 표준화된 물류 서비스가 이루어낼 수 없었던 품질 중심의 혁신적 서비스 모델이 시장을 뒤흔들 가능성이 높다는 평가가 나오는 이유다.

공유경제형 물류 서비스의 잠재력

물류 분야에서는 공유경제형 서비스의 확산 속도가 더디다. 여타 산업과 마찬가지로 새로운 비즈니스 모델에 적응하는 데 소요 시간이 걸리기 때문이다. 새로운 비즈니스 모델에 원활히 적응하기 위한 전제조건은 공유경제형 물류 서비스를 완성하는 두 축, 즉 소비자와 서비스 공급자에게 '끊김이 없는' 사용자 경험을 제공하는 것이다.

이 부분에서 전통적인 비즈니스 모델에 익숙한 기업이 어려움을 겪게 된다. 지금까지 전통적 기업은 원가를 최소화하고, 프로세스를 최적화하는 등 공급 측면의 혁신에 익숙했다면 공유경제형 물류 서비스는 사용자 경험이라는 수요 측면의 혁신을 요구하기 때문이다.

그럼에도 공유경제형 물류 서비스의 잠재력은 충분하다. 남다른 서비스로 차별화가 필요한 시점에 표준화된 배송 서비스에 안주하지 않고, 무언가 새로운 서비스를 제공했을 때의 인센티브는 충분한 상황이다. 어떻게 차별화할지, 어떤 새로운 서비스를 만들어야 할지에 대한 정답은 없다. 다만 공유경제형 서비스는 이에 대한 하나의 대안이라는 점은 부인하기 어렵다.

공유경제형 물류 서비스에 아직까지 우버와 에어비앤비가 존재하지 않는다는 것은 여기에 불확실성과 함께 기회가 공존하고 있다는 것을 의미한다. 공유경제형 물류 서비스는 규제를 완화하는 과정에서 어려움이 있다. 그러나 규제 변화는 시대적 요구에 따른 사회적 합의와 여론을 기다리는 시간과의 싸움이라는 측면에서 양날의 검이다.

2017년 7월, 대한민국 법원은 쿠팡의 화물자동차 운수사업법 위반에 대한 소송에서 쿠팡의 로켓배송 서비스가 위법이 아니라는 판결을 내렸다. 법원은 쿠팡의 직매입 유통 특성을 고려해 최종 판단을 내린 것이다. 이를 계기로 유통업체가 자체 화물운송 서비스를 만들어 택배업체와 직접 경쟁을 벌이는 상황이다.

물론 유통업 자체 배송은 아직까지 전문 물류업체의 원가 경쟁력 측면을 따라올 수 없다. 자체 배송을 하는 이커머스 중에서 아직까지 수익을 내고 있는 기업은 없다.

2017년 일본에서 규제 완화 소식이 들려왔다. 노선버스와 택시를 활용한 화물운송 서비스가 가능해졌다. 지난 25년간 20% 이상 인구가 감소한 지역에서 택시 및 임대(전세) 버스를 활용한 화물운송을 허가한 것이다(해당 지역에서는 트럭이 여객운송도 할 수 있게 했다). 흥미로운 점은 화물운송 서비스에 대한 가격 책정을 자유화했다는 것이다.

중국에서는 알리바바와 순펑(SF Express) 사이의 분쟁 소식이 있었다. 알리바바가 물류자회사인 차이니아오를 통해 택배사들에게 더 많은 데이터를 공유하도록 요청하는 과정에서 문제가 발생했고, 순펑이 무인 택배함 관련 데이터를 공유하는 데 소극적으로 나오면서 택배 서비스 중단으로까지 문제가 확대됐다. 두 거대기업의 분쟁은 중국 정부가 나서면서 일단 봉합되었지만, 향후 유통업체와 물류기업이 협력하는 데 문제가 발생할 가능성은 여전히 남아 있다.

한국은 물론 전 세계에 거의 동시다발적으로 일어나고 있는 이슈는, 물류와 유통 및 교통, 이른바 '1류 2통' 산업의 경계가 허물어지고 있음을 직접적으로 보여주고 있다.

:

아마존은 왜 뉴욕 도심에
창고를 늘릴까?

면적당 임대료냐 고객 서비스냐

얼마 전 아마존이 뉴욕 퀸스 롱아일랜드시티에 2만 스퀘어피트 규모의 물류창고를 지을 것이란 소식이 있었다. 뉴욕에만 벌써 다섯 번째 물류센터다.

아마존은 바로 앞서 퀸스 그랜드애비뉴 55번지에 100만 스퀘어피트 규모의 창고를 마련한 바 있다. 최근 몇 년 사이 뉴욕 시 곳곳에 크고 작은 아마존의 물류창고가 들어섰다. 브루클린 레드훅 지역에 62만 스퀘어피트, 사우스 브롱크스에 20만 스퀘어피트, 스태튼 아일랜드에 85만 5,000스퀘어피트의 디스트리뷰션 센터와 45만 스퀘어피트 규모의 창고 시설을 갖췄다.

이에 대해 아마존은 "뉴욕에 물류시설을 늘리는 것은 고객에게 더 효율적인 배송 서비스를 제공하고자 하는 노력의 일환이자 이 지역의 우수한 직원들을 고용하는 계기가 될 것"이라고 했다.

물류창고가 아니라 풀필먼트

비싼 임대료로 유명한 뉴욕 맨해튼 중심부의 비즈니스 빌딩에 물류창고를 마련한 아마존만큼이나 주목할 만한 사례가 하나 더 있다. 바로 박스드(Boxed)다.

박스드는 창고형 할인매장 코스트코처럼 싼 가격에, 아마존의 편리함을 더한 온라인 창고형 소매업체로 '밀레니얼을 위한 코스트코'라고 불린다. 포브스는 차세대 유니콘으로 박스드를 꼽으며 아마존의 최대 경쟁자로 혁신적인 유통모델을 갖췄다고 평가했다.

그런 박스드가 몇 년 전부터 물류센터를 완전 자동화하기 시작했다. 더 흥미로운 것은 박스드가 기존 인력을 해고하는 대신 새로운 업무로 전환 배치했다는 것이다. 박스드는 물류센터의 전체 공간을 자동화 설비로 리모델링했고, 기존에 100명의 인력이 일하던 공간을 무인화하는 데 성공했다.

아마존과 박스드에게 공통점이 하나 있다. 바로 양사 모두 '물류센터'라는 명칭을 사용하지 않는다는 것이다. 이들은 물류센터 대신 '풀필먼트센터'라고 부른다.

그렇다면 풀필먼트(Fulfillment)는 무엇일까? 그 유래는 뒤에서 더 자세히 설명하기로 하고, 여기서는 고객이 원하는 복잡하고 다양한 서비스를 만족시키는 전체 프로세스를 풀필먼트라고 한다는 정도만 알아두자.

풀필먼트를 단순히 물류 프로세스라고 부르기에는 무리가 있다. 온디맨드 시대는 고객이 원하는 것을 원하는 방식으로 만족시킬 것을 요구하기 때문이다. 이커머스 등 인터넷 비즈니스 중심의 시대를 맞이하면서 보관과 운송 방식 등 물류 운영에 큰 변화가 생기기 시작했다.

제조, 유통, 이커머스에 이어 물류도 변화

산업 패러다임이 제조업 중심이던 시대, 그러니까 '창고'가 그저 창고였던 시대에는 좁은 공간에 최대한 많은 제품을 보관하는 게 중요했다. 창고는 면적당 임대료를 책정하여 수익을 창출한다. 이 때문에 창고업은 물류업이라기보다는 부동산 임대업에 가깝다.

운송도 역시 대규모 트럭, 기차, 선박 등을 통해 이루어졌다. 이후 유통업 중심의 시대(창고가 물류센터로 불리던 시대)에는 '얼마나 빠르게 제품을 공급하는지'가 중요했다. 반면 온디맨드 등 이커머스 시대에는 풀필먼트센터의 목표를 고객 만족에 두고 있다.

다시 아마존의 사례로 돌아가보자. 아마존이 뉴욕 맨해튼에 설치한 풀필먼트센터는 전통적인 창고나 물류센터의 개념으로 접근하면 쉽게 이해할 수 없는 비즈니스 모델이다. 비용을 아무리 낮춘다고 하더라도 뉴욕 중심의 높은 임대료를 고려할 때 1회 배송마다 수익을 창출하는 것은 불가능하다. 하지만 풀필먼트센터에서는 고객의 복잡한 니즈를 효율적으로 만족시키는 서비스를 제공하는 게 중요하다.

창고에서는 면적당 보관료가 중요했다. 하지만 물류센터를 지나 풀필먼트센터까지 오게 되면 더는 면적당 보관료는 무의미해지고, 그 자리를 '서비스당 요금'이 차지하게 된다. 고객이 원하는 방식으로 포장하고, 라벨을 부착하고, 고객마다 개인화된 서비스를 제공하기 위해 풀필먼트센터는 복잡한 프로세스를 갖추고 있어야 한다.

아마존의 8세대 풀필먼트센터나 박스드의 풀필먼트센터는 단순 자동화 설비가 아니라 로봇에 기반한 조립 시스템으로 구성돼 있다. 이를 통해 한 번의 주문에 여러 상품을 포함하더라도 한 치의 오차 없이 처리할 수 있게 됐다.

면적당 보관료 vs. 서비스 요금

풀필먼트의 목표는 개별 프로세스에서 비용을 절감해 프로세스당 수익성을 확보하는 것이 아니라 고객에게 서비스를 잘 제공하여 고객 만족을 끌어올리고 고객을 유지하는 것이다. 아마존이 개별 프로세스의 수익성을 고려했다면 뉴욕 맨해튼 한복판에 창고를 만들어 자동화된 로봇 기반의 설비를 도입할 이유가 없었을 것이다. 다시 말해 풀필먼트센터 운영에는 면적당 보관료가 중요한 게 아니다. 서비스당 요금을 계산할 줄 알아야 비싼 땅에 물류시설을 지을 용기가 생기는 것이다.

온라인 시대의 소비자는 소규모의 불확실한 주문을 하는 데다가 요구도 까다롭기 그지없다. 과거 대량 운송과 대량 보관에 맞춰진 물류 프로세스로는 이러한 주문에 효율적으로 대응하기 어렵다. 다소 비용이 들더라도, 수요의 불확실성과 변동성에 유연하게 대응할 수 있는 로봇 기반의 시스템이 더 효율적일 수 있다는 이야기다.

《CB인사이츠(CB insights)》의 물류창고 관련 스타트업 현황 분석에는 이와 같은 변화가 잘 반영되어 있다. CB인사이츠는 물류창고를 혁신하는 스타트업을 로봇, 온디맨드 창고 중개, 자산 트래킹, 창고 아웃소싱 및 풀필먼트, 창고 및 재고관리 정보 시스템으로 분류했다. 로봇과 온디맨드, 풀필먼트, 정보 시스템이 창고 혁신의 전면에 등장한 것이다.

전통적으로 유통산업의 핵심은 어느 위치에 오프라인 매장을 가지고 있느냐 하는 것이었다. 유동인구가 많은 곳에 커다란 매장을 열고 이를 활용해 임대업을 하는 것이 중요했다.

고객이 제품과 만날 수 있는 채널은 적었다. 고객은 오프라인 매장을 방문해 제품을 구매해야 했다. 이런 상황에서 위치의 중요성이 강조되는 것은 당연한 일이다. 그래서 대한민국 유통 공룡인 롯데의 업(業)의 본질을 부동산이라고 이야기하지 않던가.

하지만 이커머스의 시대, 산업의 핵심 경쟁력은 풀필먼트로 변화했고 위치의 중요성은 다소 떨어졌다. 대신 소비자가 원하는 것을, 원하는 시간에, 원하는 장소에서, 원하는 방식으로 충족시켜주는 것 그리고 그 모든 것이 소비자의 삶에 물 흐르듯 녹아들어가는 것이 중요해졌다. 온디맨드 시대를 만나 물류가 변화하고 있다. 변화의 방향이 궁금하다면, 풀필먼트를 유심히 살펴볼 필요가 있다.

:

창고에서 물류센터를 거쳐 풀필먼트로
물류의 목적에 따라 바뀌는 유통센터 이름

얼마 전 모 신발회사는 자사몰 회원을 대상으로 오후 1시까지 주문 결제를 완료하면 오후 6시까지 상품을 배송하는 '오늘도착' 서비스를 선보였다. 이외에도 오후 3시까지 주문하면 저녁 7시까지 배송해주는 온라인 수산시장부터 30분~1시간 내 식료품을 배송해주는 온라인 마트까지 우리는 '빠른 배송'의 시대에 살고 있다.

빠른 배송은 고객의 온라인 구매 경험을 개선하는 핵심가치가 된다. 온라인 주문부터 결제까지 걸리는 시간은 크게 단축됐지만, 배송의 영역은 여전히 '기다림'이 필요하기 때문이다. 여기서 빠른 배송은 소비자에게 오프라인 구매 경험을 대신하는 또 다른 이름이 된다.

그래서 요즘 쿠팡, 네이버 등 이커머스 시장에서 MFC와 LDN(Last-mile Delivery Network)이라는 용어가 자주 등장한다. 그만큼 빠른 배송을 차별화 요소로 내세우고 있는 것이다. 그렇다면 빠른 배송을 만드는 풀필먼트는 어떻게 시작되었을까?

시대에 따른 용어의 변화

풀필먼트를 우리말로 옮기자니 마땅한 단어가 없다. 오더 풀필먼트(Order Fulfillment)는 고객의 주문을 만족시키는 전체 프로세스를 의미하므로 '주문 이행', 혹은 '주문 충족'으로 번역이 가능할 것 같다. 이커머스에서 풀필먼트는 고객의 주문에 맞춰 물류센터에서 제품을 피킹(Picking), 포장(Packaging)하고 배송까지 하는 일련의 과정을 뜻한다.

사실 풀필먼트라는 단어의 역사는 그리 길지 않다. 물류라는 단어가 일반화되기 전인 2000년대 초반에는 ○○운수, ○○운송과 같이 수송·배송 관련 용어를 사용했다. ○○창고와 같은 단어도 익숙하다. 그러던 것이 갑자기 물류라는 단어로 바뀌었고, 수송·배송과 보관·창고가 물류와 연결됐다. 이후 창고라는 단어는 점차 줄어들고, 대부분 '물류센터' 혹은 '물류창고'라 불렀다.

4~5년 전부터는 이를 '풀필먼트센터'라고 부른다. 인력에 의존하던 수작업 중심의 창고가 컨베이어벨트, 자동화 설비가 구축된 물류센터가 되더니, 이제는 로봇과 첨단 IT기술이 총출동한 풀필먼트센터로 바뀐 것이다.

온디맨드와 물류의 재해석

이러한 변화는 산업의 변화에 기인한다. 1990년대 이전의 산업은 품질과 기술력이 지배했다. 소니(SONY)와 같은 브랜드가 산업을 지배하던 시대에는 제조업이 전성기였다. 물론 애플과 같은 유별난 기업도 있었다. 하지만 큰 맥락에서 1990년대는 기술력을 갖춘 기업이 세상을 지배하던 시대여서 누구나 제품을 만들 수 있는 시대는 아니었다. 제조업이 모든 프로세스를 처리하고, 유통과 물류는 제조업을 지원하는 수준에 머물러 있었다.

하지만 점차 기술은 평준화됐고 대규모 유통기업이 등장했다. 세상의 중심은 제조업에서 유통업으로 넘어갔다. 물론 제품을 만드는 것은 여전히 제조업이었지만 '기술 평준화'는 일정 수준 이상의 기술을 갖춘 많은 기업에 제품을 만들 기회를 제공했고, 저렴하면서도 높은 품질의 제품을 빠르게 만들 수 있는 시대를 열었다. 즉 '유통'과 '속도'가 만나 시장의 변화에 신속하게 반응하고 제품을 공급하는 기업이 성공하는 시대가 온 것이다.

2000년대에 세상은 다시 한번 변한다. 유통은 오프라인을 넘어 온라인으로 확장됐고 온디맨드의 시대가 개막했다. 소비자는 원하는 것을 원하는 곳에서, 효율적으로 소비할 수 있게 됐다. 기업이 아닌 개인도 제품 개발 아이디어를 내고, 3D프린터 등을 통해 제품을 스스로 제조할 수 있게 된 것이다. 비용이 저렴한 생산국가에서 제품을 생산한 뒤 물류를 통해 국경을 넘어 공급하는 게 가능해졌다. 제조에서 유통으로 넘어온 산업의 중심이, 소비자를 중심으로 하는 온디맨드로 넘어온 것이다.

산업의 패러다임이 바뀌었다. 우리가 제품과 서비스를 선택하는 기준과 이를 소비하는 채널이 바뀌면서 물류 역시 변화와 재해석이 필요해졌다.

원가 경쟁에서 속도 경쟁으로

다시 제조업의 시대로 돌아가보자. 그 시대에는 물류의 핵심에 대규모 재고를 보관하는 창고가 있었다. 저렴한 비용으로 대량 생산된 제품을 대규모로 움직이는 게 중요했다. 원가 경쟁력이 중요했고, 규모의 경제가 중요했다. 물류 프로세스를 구성하고 있는 기업들은 기능별로 대형화됐다. 무엇보다 제품 자체의 경쟁력이 중요했기에 물류 기능은 파편화돼도 크게 문제되지 않았다. 원가 절감이 중요하다 보니 물류가 전체 프로세스에서 차지하는 비중도 작았다.

하지만 유통으로 산업의 중심이 이동하면서 변화하는 소비자의 요구를 만족시키는 동시에 치열한 경쟁에서 승리하기 위해서는 재고를 줄이고 최대한 빠른 속도로 상품을 공급하는 게 새로운 경쟁력으로 떠올랐다. 즉 기업의 핵심 경쟁력은 원가가 아니라 속도가 된 것이다. 이때부터 비로소 '물류'라는 개념이 꽃피기 시작한다.

물류의 핵심은 원자재 조달부터 최종 소비자에게까지 이르는 전체 프로세스를 하나의 관점에서 효율화하는 것이다. 이 무렵 컨베이어벨트가 들어서고 스피드를 높이기 위한 각종 자동화 설비가 도입되었으며 창고 역시 'Distribution Center'로 불리기 시작했다. 사실 'Distribution'이란 상품을 유통채널에 공급한다는 개념이므로 'Distribution Center'를 한국어로 옮기면 물류센터보다는 유통센터에 더 가깝다.

온디맨드 시대가 되면서 소비자는 더욱더 게을러졌다. 제품을 생산하는 기술력도 평준화됐다. 이제 중요한 것은 소비자의 요구에 부합하는 다양한 제품을 소규모로 즉시 공급하는 것이다.

온디맨드 시대에는 고객이 언제, 어디서, 어떤 제품을 주문할지 알 수 없다. 소비자들이 요구하는 서비스 수준도 높아졌다. 지리적으로 분산된 곳에서 소규모 주문이 발생하거나 한 번의 주문에 여러 상품을 포함하는 일도 있다. 이와 더불어 불확실한 주문 시기와 더욱더 빨라진 납기 등은 전통적인 물류를 혼란에 빠뜨렸다.

요컨대 이 시대가 요구하는 것은 단순한 속도가 아니라 '소비자가 원하는 방식의 서비스'다. 여기서 '풀필먼트'라는 개념이 등장하게 된다. 온디맨드의 시대, 고객의 복잡한 요구를 효율적으로 만족시키는 서비스를 제공하기 위해 창고에 새로운 역할과 이름을 덧씌운 게 바로 풀필먼트센터라고 할 수 있다.

아마존
풀필먼트 전략

아마존 마켓플레이스를 주도했던 존 로스만(John Rossman) 은 그의 저서 『아마존웨이』에서 아마존의 핵심 가치에 대해 낮은 가격(Price), 다양한 상품군(Selection), 높은 가용성(Availability)을 꼽았다.

그는 이 세 가지 핵심 가치가 제프 베조스가 아마존을 설립한 초창기부터 지금까지 변하지 않는 원칙이라며, 이 중 아마존의 풀필먼트 전략은 높은 가용성을 창출하는 수단이 된다고 말했다.

아마존 풀필먼트센터

마이크로 딜리버리의 원조
'야쿠르트 아줌마'

방문판매원에서 미들택트의 힌트를 얻다

초등학교 4학년 때의 일이다. 학교 끝나고 집에 와서 안방 문을 열었다가 괴기한 풍경과 맞닥뜨렸다. 얼굴에 하얀 천을 덮은 서너 명이 양손을 가지런히 모은 채 나란히 누워 있었기 때문이다. 안방 문고리를 꽉 쥔 채 얼음이 된 내게 누워 있던 한 명이 손을 흔들며 말했다.

"아드 와어? 어마 지음 바으니가 배고브미언 시따워 방머거(아들 왔어? 엄마 지금 바쁘니까 배고프면 식탁 위에 있는 빵 먹어)!"

때마침 얼굴을 덮은 하얀 천에 달걀노른자로 추정되는 노란색 크림이 도포되자 발음은 더 어눌해졌다. 그게 웃겼던지 함께 누워

1980~1990년대 화장품 아줌마   제공: 아모레퍼시픽

있던 사람들이 키득키득 웃었다. 그제야 엄마와 동네 아주머니들
이라는 걸 알 수 있었다.

　화장품 아줌마는 화장품을 판매하는 영업사원이자 제품을 갖다
주는 배송업무도 제공했다. 판매망에 물류망을 올린 첫 경우라고
할 수 있겠다.

누구네 집 젓가락 수까지 꿰차던 그 아줌마

아모레태평양, 쥬단학, 쥬리아, 피어리스, 나그랑, 나드리 등의 이
름을 들어본 적이 있는가? 1980~1990년대를 주름잡던 국내 화장

품 브랜드다. 아모레태평양은 현재 아모레퍼시픽, 쥬단학은 한국화장품, 피어리스는 스킨푸드로 명맥을 잇고 있지만 나드리, 나그랑 등은 1997년 IMF 외환위기 이후 역사 속으로 사라졌다.

그 시절 화장품 아줌마라 불렸던 방문판매원은 '우리 동네 정보원'이었다. 우리 집은 물론 이웃집 젓가락 수까지 꿰차고 있는 마당발이었다. '누구네 아빠가 사우디아라비아로 일하러 갔다가 얼마 전 들어오면서 최신 컬러 TV랑 비디오, 오디오 등을 다 바꿨더라', '누구네 엄마가 며칠 안 보여서 아파서 병원에 입원한 줄 알았는데, 알고 봤더니 곗돈을 들고 튀었다더라', '슈퍼 앞 이층집 누구네 장롱 안에 황금두꺼비가 두 마리 있었는데, 이번에 보니까 세 마리로 늘었더라' 등 별의별 정보를 전달했다.

라이프 플랫폼 시대, 소매업의 변화

우리는 지금 라이프 플랫폼 시대에 살고 있다. 라이프 플랫폼은 '온라이프(On Life)'로도 통용되는데, 이 용어는 이탈리아 철학자 루치아노 플로리디(Luciano Floridi)가 처음 사용했다. 온라인과 일상적인 삶의 차이가 점점 희미해져 마침내 두 영역의 구분이 사라지게 된다는 의미다.

이 개념을 유통에 접목한 것은 네덜란드 온라인 쇼핑 포털 매크

로폴리스의 창립자 바이난트 용건(Wyjnand Yongen)이다. 그는 저서 『온라인 쇼핑의 종말』에서 "유통업과 서비스 분야는 앞으로 10년 안에 새로운 경제질서인 온라이프 리테일에 완전히 넘어가게 될 것"이라고 예고했다. 온라이프는 온라인인지 오프라인인지 구분하기 어려운 시장을 말한다. 쉽게 풀이하면 오프라인 매장에서 물건을 사면 집으로 배송해주고, 온라인에서 상품을 구매하면 오프라인 매장에서 물건을 픽업할 수 있는 서비스 형태다.

나는 온·오프라인 유통 경계가 사라진 것을 뜻하는 '옴니채널(Omni Channel)'과 온라이프가 어떤 차이가 있는지 잘 모르겠다. 이에 대해 아모레퍼시픽의 서경배 회장이 직원들에게 보내는 신년 담화문의 한 구절을 되새겨볼 필요가 있다. 그는 온라이프 기업에 대해 "오프라인 환경에서 강점이 있는 기업이 온라인을 수용해 경계를 무너뜨리면 온라이프 기업이 된다"라고 설명했다.

> "5년여 전 많은 이들이 오프라인 쇼핑 시장의 쇠락을 예견했습니다. 그런데 이제는 온라인 쇼핑 시장이 그렇게 될 것으로 예상합니다. 이상하게 들릴지 모르지만, 앞으로는 온라인과 오프라인의 구분이 무의미한 '온라이프 시대'가 열릴 것이기 때문입니다."

서경배 회장의 말대로라면 오프라인에서 확보한 고객 정보를 온라인에 잘 접목하면 고객 이탈을 줄이고 충성 고객을 만드는 데 도움이 된다. 반대로 온라인의 단점도 오프라인이 보완해줄 수 있다는 이야기다. 예를 들어 아마존의 무인매장 아마존고, 알리바바의 신선식품 매장 허마셴성 등 온라인 기업이 오프라인 매장에 진출하는 것은 초기형 온라이프 개념으로 볼 수 있다.

사람, 장소, 상품 이동의 최적화

알리바바의 마윈 회장은 2016년에 신유통(新流通) 개념을 꺼내면서 "순수한 전자상거래는 밸류체인 전반에 걸쳐 온오프라인, 물류 및 데이터를 통합하는 신유통 채널에 자리를 내주고 전통적인 비즈니스로 축소될 것"이라고 예견한 바 있다. 온·오프라인의 경계를 허무는 새로운 형태의 상거래 행위가 등장한다는 말인데, 앞서 온라이프 리테일의 개념과 맥을 같이한다.

마윈 회장은 신유통에 대해 판매수법 및 마케팅과 물류에 이르는 전 과정을 빅데이터와 인공지능 등 최신 ICT기술과 온오프라인 체험 그리고 현대화된 물류로 융합한 것이라고 설명했다.

그러나 나는 신유통이란 상품의 공급과 판매에 있어 사람과 사람, 장소와 장소 사이를 가장 효과적으로 이동하는 방법을 최적화하는 것이라고 생각한다. 이런 관점에서 최근 아모레의 카운셀러

나 한국야쿠르트의 프레시 매니저 등 방문판매원의 변신을 의미

있게 관찰해야 한다.

아모레퍼시픽의 방문판매 매출은 2019년 기준 8,476억 원에 이

른다. 2020년 코로나19로 인해 직접판매 매출에 상당한 타격이 있

다고는 하지만 1964년 등장한 아모레 방문판매사원은 현재 약 3만

여 명이 활동 중이고, 방문판매원으로 화장품을 사는 소비자는 무

려 250만 명에 이른다. 최근에는 판매 제품군도 기존 화장품은 물

론 홍삼액 등 건강보조식품으로 확대하고 있으며, 고객 관리도 앱

등을 통해 첨단화되고 있다.

"베이지색 유니폼을 입고 매일 미소와 함께 인사를 건네는 그들

2020년 11월 15일자 뉴욕타임스에 소개된 한국야쿠르트 방문판매원

은 방문판매원에서 보모, 딸, 이모로 진화했다." 2020년 11월 15일 자에 미국 《뉴욕타임스(NYT)》에서 한국야쿠르트의 방문판매원 '프레시 매니저'를 소개한 기사의 문구다. NYT는 신문 한 개 지면을 사용해 '야쿠르트 아줌마'라는 애칭으로 불리는 프레시 매니저의 활약상을 조명했다.

한국야쿠르트는 야쿠르트 아줌마가 몰고 다니는 전동카트(일명 코코)에 자사 제품뿐만 아니라 김치, 이유식, 소·돼지고기, 채소 등을 싣고 판매한다. 냉장 기능을 갖춘 전국 1만여 대 전동카트로 신선식품 배송 시장에 진출한 것이다. 야쿠르트 아줌마의 공식 명칭을 '프레시 매니저'로 바꾼 것도 이 시장을 적극적으로 공략하겠다는 의지로 풀이된다.

한국야쿠르트에 따르면 50년 전인 1971년 47명으로 시작한 한국야쿠르트 프레시 매니저는 1975년 1,000명, 1983년 5,000명을 넘어섰고 2020년 기준 1만 1,000명에 이른다. 최근에는 취급 품목을 타사 식품까지 확대하며 소비자와의 접점을 더 넓히고 있다. 현재 타사 제품 수는 50개, 취급 품목만 212개가 넘는다.

도심형 마이크로 딜리버리와 풀필먼트, 방문판매원

화장품과 야쿠르트, 학습지, 정수기 등 다양한 제품의 방문판매원이 라이프 플랫폼 시대에 도심형 마이크로 딜리버리와 풀필먼트로 주목받고 있다. 그 이유는 다음 세 가지다.

- 동네 정보를 훤히 꿰찬 지역 영업전문가다.
- 24시간 골목 배송이 가능한 물류 인프라와 유휴 시간을 갖추고 있다.
- 지역의 주민과 장기간 긴밀한 유대 관계를 형성하고 있다.

그렇다면 전통적인 판매망(영업)에 배송망(물류)을 탑재한 방문판매원의 경쟁력은 과연 앞으로 어떤 성장과 변화를 맞이할 수 있을까?

정보는 판매와 배송의 또 다른 이름

정보는 판매와 배송의 또 다른 이름이다. 소비자들의 각종 정보는 IoT(사물인터넷) 기술로만 획득되는 것이 아니다. 방문판매원은 이미 오래전부터 동네 주민들의 정보를 축적했고 이 정보는 새롭게 각색될 수 있다.

야쿠르트 영업소는 야쿠르트 아줌마의 운송(판매) 수단인 전동카트 코코를 충전할 수 있는 곳이자 야쿠르트가 취급하는 자사 제품 및 타사의 신선제품이 보관된 도심형 풀필먼트의 역할을 한다.

골목 배송에 최적화된 운송수단과 보관장소

방문판매원의 이동 특성은 지역 내 순환이라는 점이다. 판매 및 배송망 권역에서 멀리 벗어날 일이 없다. 이 때문에 1시간 이내, 3시간 이내, 반나절, 즉시 배송 등 다양하고 기민한 배송 서비스가 가능하다. 또 활동 중인 영업소나 집에 일정 분량의 재고를 보관할 수 있는 공간을 확보하고 있다. 그뿐만 아니라 골목 배송에 적합한 경차 등 운송수단을 자체 보유하고 있다. 참고로 최근에는 전기차를 운행 중인 방문판매원이 증가하는 추세다.

방문판매원과 미들택트

요즘 가장 주목받는 트렌드는 단연 '언택트(Untact)'다. 김난도 교수의 『트렌드 코리아 2018』에 처음 소개된 이 신조어는 원래 '타인과의 대면을 부담스러워하는 젊은 세대의 심리적 거리 두기'란 뜻으로 키오스크나 배달 앱 등 비대면 시장의 성장을 예견하며 나온 키워드다. 그런데 요즘의 '언택트'는 '타인과 만남 자체를 거부하는 물리적 거리 두기'로 정의된다.

코로나19 이전부터 온라인에 집중하고 있던 유통업계는 바이러스 사태가 종식된 이후에도 비대면 유통을 한층 더 강화할 전망이다. 키오스크, 드라이브스루(Drive-through) 등의 서비스는 시간과 인건비를 절약하고 편리성을 극대화한다는 점에서 성장이 예상된다. 유통 역시 언택트와 콘택트의 최적 조합을 찾아야 할 것이다. 이 때문에 언택트를 기초로 하되 인간적 접촉을 보완하는 미들택트(Middle-tact) 개념이 부상 중이다.

재택근무, 원격수업, 비대면 유통 등 비대면 확대는 분명 코로나19라는 돌발 악재가 부른 고육지책이었다. 하지만 다른 시각에서 보면 우리 일상에 만연했던 비효율의 거품을 걷어내는 기회가 되기도 했다.

코로나19의 종식 이후에도 더 편리하고 효율적인 삶을 찾는 시장 트렌드는 지속될 것이다. 언택트와 콘택트 조합의 최적 지점을 찾는 유연한 사고방식으로 미래를 대비해야 한다. 그런 점에서 방문판매원의 경쟁력을 미들택트 서비스에서 찾을 수 있지 않을까?

대면과 비대면의
중간 지점

　김난도 교수의 『트렌드 코리아 2021』에서 '미들택트'는 언택트와 인적 서비스의 중간 영역에 존재하는 서비스로, 대면 배송에서 얻을 수 있는 경험의 가치를 극대화하는 것이라고 했다.

　비대면으로 언택트를 강화하고 인간적인 것을 보완(미들택트)하는 방향으로 진화하고 있다며 오프라인 유통채널은 온라인과 차별화한 경험을 주는 데 중점을 두어야 한다고 강조했다. 딜리버리 경제에 대해 생각할 때 되새겨볼 만한 말이다.

:

네이버의 돈 되는 물류의 3가지 키워드

풀필먼트+크로스 보더+서플라이체인 파이낸스

네이버가 국내배송에 이어 해외배송까지 서비스 역량 강화에 나선다. CJ대한통운과 손잡고 전국 택배망을 확보하고 당일·내일 배송 등 배송 속도전을 선언한 지 몇 달 뒤 해외 판매자를 위한 물류 서비스 진출을 공식화한 것이다.

한성숙 네이버 대표는 2021년 2월 "중소상공인(SME)을 위한 물류에 집중하고 특히 동대문 패션 SME의 글로벌 진출 청사진을 반드시 실현하겠다"라고 했다. 네이버가 말하는 물류 앞에는 항상 'SME를 위한'이라는 미사여구가 따라붙는다. SME란 'small and medium enterprise'의 약자로 중소상공인을 뜻한다. '중소상공인의 물류 경쟁력 강화'를 앞세운 이유는 네이버가 기존 사업자와 불필요한 마찰을 피하기 위한 전략으로 풀이된다.

네이버는 자선사업가가 아니다. 이윤을 창출해야 하는 네이버로서는 어떻게 물류로 돈을 벌 수 있을지 먼저 고민했을 일이다. 네이버의 물류는 크게 세 가지 키워드로 요약될 수 있다. '마이크로풀필먼트센터(MFC)'와 '크로스 보더 이커머스(CBEC)'가 만드는 '공급망물류금융(Supply Chain Logistics Finance, SCLF)'다. MFC 전략이 국내용이라면 CBEC는 해외용이다. 네이버가 물류로 돈을 번다면 그 비결은 세 가지 키워드 중에 있을 가능성이 크다.

동대문, 패션 그리고 해외

네이버는 CBEC 첫 무대로 한국 패션의 중심지 동대문을 꼽았다. 한성숙 대표는 "동대문 물류 스타트업인 브랜디, 신상마켓 등과 제휴를 맺고 패션 판매자들이 가장 힘들어하는 물류 과정에 대한 고민을 해결하겠다. 이를 위해 제품 셀렉션과 코디, 큐레이션 등 제품 경쟁력에만 집중할 수 있는 '동대문 스마트 물류 솔루션'을 제공하겠다. 동대문 스마트 물류 시스템을 크로스 보더 방식으로 진화시켜 글로벌에 진출하고자 하는 패션 SME의 사업 확장까지 연결하는 것이다"라고 했다.

CBEC 시장은 '현대판 향신료 무역로(Modern Spice Routes)'와 비교될 정도로 성장이 가파르다. 페이팔에 따르면 2020년 CBEC 시장의 규모는 전 세계 3,000억 달러(355조 원)로 추정된다. 이 중 중국은 CBEC가 국가 전체 수출의 20% 내외를 차지할 정도다. 2020년 국내에서 해외로 직접 판매된 온라인 거래액은 5조 9,613억 원 규모다. 국가별로는 중국, 미국, 일본 순으로 판매 비중이 높았고, 상품별로는 화장품, 의류(패션) 순이다. 네이버가 왜 동대문 의류의 해외시장 진출을 눈여겨봤는지 이해되는 대목이다.

게다가 네이버는 자회사 라인과 야후재팬의 경영통합 이후 스마트스토어의 일본 진출에 대한 기대가 크다. 라인은 일본뿐 아니라

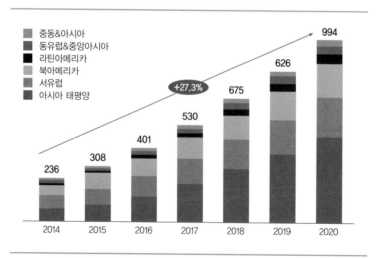

전 세계 지역별 CBEC 시장의 성장 추이

출처: 알리리서치, 액센츄어

126

동남아에서도 경쟁력을 갖춘 플랫폼이다. 물류는 이커머스의 중요한 연결고리가 될 수 있다.

CBEC는 국제물류 시장의 큰손

문제는 배송과 통관이다. 예를 들어 장난감을 가득 실은 컨테이너를 중국에서 미국까지 수출한다고 해보자. 일단 중국과 미국까지 원거리 이송이 필요한데, 선사가 제공하는 서비스 노선에 따라 한국이나 홍콩을 경유하기도 한다. 한 번의 수송에 여러 나라를 거쳐야 하다 보니 그 운송 과정에 수많은 서비스 제공자가 관여한다. 아무리 큰 기업이라 할지라도 자체 인프라와 조직만으로 화물을 세계 각국의 목적지까지 운송하는 것은 불가능하다.

실제로 국제 물류 과정을 꼼꼼히 살펴보면, 한 회사는 포장만을, 다른 회사는 화물 하역만을, 또 다른 회사는 통관만을 담당한다. 여기에 트럭, 해운, 항공, 철도 운송 업체들이 운송 단계별로 참여한다. 하나의 컨테이너가 국경을 넘어 최종 목적지까지 도달하는 과정에는 수많은 '연결'이 필요하다. 그만큼 어렵다는 이야기다.

CBEC는 국제물류 시장의 큰손이다. 아마존, 알리바바 등 초대형 이커머스 고객사의 등장은 국제물류 시장 전반에 영향을 끼쳤다. 이커머스 기술 및 비즈니스 모델의 고도화가 과거 특정 국가

내 유통에 제한적으로 활용되던 이커머스를 국가 간 거래로 활성화했다.

네이버의 CBEC도 수많은 운송 단계와 국가별 통관을 거치게 된다. 복잡한 단계마다 물류 비용은 눈덩이처럼 불어난다. 네이버가 브랜드, 개인, 법인 할 것 없이 물류를 고민하지 않아도 창업하고 성장하고 글로벌 진출할 수 있도록 돕겠다고 선언한 것은 CBEC의 핵심이 물류라고 판단했기 때문이다.

상품별 맞춤형 물류

네이버는 CJ대한통운 등 대형 택배사뿐만 아니라 여러 물류전문 업체와 손을 잡고 새로운 인프라를 구축 중이다. 네이버가 손 내민 라스트 마일 딜리버리(생각대로, 메쉬코리아)와 풀필먼트(FSS, 아워박스, 품고, 두손컴퍼니, 위킵, 신상마켓, 브랜디 등), WMS, TMS 등 물류 IT업체(테크타카)만 10여 개가 넘는다. 협업을 검토한 물류 관련 스타트업만 50~60개에 이른다고 설명했다.

네이버는 2021년 현재까지 쿠팡의 자체 물류망 구축과는 정반대의 선택을 하고 있다. 하지만 배송, 보관, 재고관리 등의 물류 역량을 확장하는 맥락은 두 회사가 비슷하다. 네이버가 물류 서비스 분야별로 다양한 업체와 협업 체계의 구축을 꾀하는 것은 상품별·고객사별 맞춤형 물류를 제공하겠다는 전략으로 풀이된다.

　　"네이버의 ESG 프로그램 '프로젝트 꽃 1.0'이 온라인 창업부
터 성장까지 이끌었다면 '프로젝트 꽃 2.0'은 SME의 스케일업
에 집중할 것이다. 다양한 물류 솔루션을 제공해 규모의 성장을
돕고 더 나아가 세계 시장으로 확대해나가도록 하겠다. 네이버
에서는 수십만 개의 독립된 스토어가 자신만의 활발한 움직임을
보인다. 일찍 도착해야 할 생필품, 신선식품이나 고가의 가구,
명품 등 (업종에 따라) SME가 직접 자신의 비즈니스에 맞는 물류
방식을 디자인해보는 것이다."

　상품별·판매자별 특성을 고려해 배송, 보관, 포장, 재고관리 등
MFC 확충에 향후 3년간 집중하겠다는 네이버의 목표는 과거 물류
전문기업의 3PL(Third Party Logistics, 3자 물류) 구호와 무척 닮았다.

MFC 생태계가 만드는 수익모델

네이버가 MFC를 강화한다는 말은 이를 통해 부가적인 매출을 창
출하겠다는 이야기로 바꿔 말할 수 있다. 네이버는 트래픽, 호스
팅, 포인트 등 이커머스 사업의 전 과정에서 수익구조를 만들고 있

네이버 쇼핑의 수익구조

트래픽	광고 매출
호스팅	PG(Payment Gateway)+채널 매출
포인트(적립금)	금융 매출(네이버페이)
물류	풀필먼트 매출

출처: 비욘드엑스

다. 풀필먼트는 이커머스 마지막 단계의 매출이 된다. 스마트스토어는 네이버의 호스팅 서비스로 구분된다. 이 때문에 네이버는 판매 수수료가 아닌 풀필먼트 수익모델을 선택했을 가능성이 크다.

네이버의 MFC 구축 방식은 쿠팡과 다르다. 네이버는 막대한 비용을 들여 배송 차량이나 물류센터 등 시설에 투자할 리스크를 없앴다. 여기에 다수의 물류 관련 스타트업에 투자해 협업 관계를 구축해 다양한 물류 서비스 형태를 테스트해볼 수 있다. 물론 네이버가 이들 협업대상과 손발을 잘 맞출 수 있을지, 파트너 이상의 관계로 진행될 때 봉합 가능할지는 또 다른 도전과제다.

네이버가 MFC 생태계를 만드는 흥미로운 행보 중 하나가 이륜차 배달대행 시장에 대한 접근방식이다. 네이버가 CJ대한통운에 3,000억 원을 투자해 택배, 창고 등 물류 역량을 확보한 데 이어 음식 배달, 마트 배송 등 이륜차 배달대행업체인 생각대로를 소유한 인성데이타에 380억 원을 투자했다. 네이버는 인성데이타 투자에 앞서 2017년 이륜차 중심의 물류 스타트업 메쉬코리아에 270억 원을 투자한 바 있다.

마이크로 딜리버리 100% 활용하는 법

네이버의 이런 투자 행보는 갈수록 커지는 음식 배달, 마트 배송 등 온디맨드 시장에 필요한 물류 서비스 제공과 관련 시장 데이터 수집이 이유로 보인다. 네이버는 미국의 인스타카트나 배달의민족의 B마트처럼 사업모델을 확대할 수 있다.

현재 네이버는 '네이버 스마트어라운드'를 통해 채널링 제휴 방식으로 배달음식 정보를 제공 중이다. 마트나 슈퍼, 편의점 대형 체인이 이곳에 들어오지 못할 이유가 없다. 네이버는 이미 전통시장 온라인 플랫폼 '동네시장 장보기' 서비스를 제공 중이다.

네이버는 마이크로 풀필먼트센터를 100% 활용할 마이크로 딜리버리 네트워크에 손을 뻗쳤다. 물류 관점에서 보면 전국을 잇는 대동맥과 동네 골목을 잇는 모세혈관을 연결하는 교두보를 마련한 것과 같다.

네이버가 인스타카트처럼 향후 구매 대행과 배달 서비스를 고민한다면 국내 대형 유통사와 파트너십을 체결함으로써 소비자를 대신해 구매 대행 및 배송하는 시스템으로 작동할 가능성이 크다. 여기서 다양한 배송 상품을 출시할 수 있다.

현재 인스타카트는 2시간 이내 배송은 3.99달러(약 4,500원)에, 1시간 이내 배송은 5.99달러(6,800원)에 제공하고 있다. 또 35달러(4만 원) 이상 구매 시 배송비가 무료인 연회비 149달러(17만 원)의 '인

스타카트 익스프레스'도 제공 중이다. 네이버가 인성데이타와 협업을 통해 네이버만의 마이크로 딜리버리 상품을 만들 것이란 전망을 할 수 있다.

물류 단계마다 '비용'

한 개의 제품을 나르기 위해 물류는 운송, 포장, 보관 등 복잡한 단계를 거친다. 이때마다 비용이 발생하며, 빠르고 정확한 대금 결제는 효율적인 물류 운영의 경쟁력이 된다.

택배사는 배송 서비스 외에 동대문 의류 상인이 온라인에 내다 팔 물건을 사들일 수 있도록 '영세상인에게 단기 대출을 제공하는 금융서비스'를 제공하기도 한다. 상인은 사입한 물건을 담보(물대)로 판매 후 대금 정산이 완료되는 기간인 보름에서 한 달 정도까지를 택배사(영업소 또는 대리점)에 빌려 쓴다.

영세상인들은 쇼핑몰을 운영하기 위한 운영비를 여기에서 조달한다. 택배사 입장에서 단기 대출은 동대문에서 고객사를 확보하는 영업방식이 되면서도 짧은 기간 높은 금리의 수익을 올릴 수도 있다. 물론 이 거래 방식은 사고도 잦고 허점도 많다. 그만큼 위험 부담이 큰 분야다.

국내 택배도 이러할진대 해외 전자상거래에 있어 국제물류 과정

중에 발생하는 결제와 대금 방식은 더 복잡하고 진입장벽도 더 높다. 항공, 해운 등 국제운송부터 현지 국가에서 이루어질 통관, 운송, 포장, 보관 등 각 단계가 막힘없이 흘러가기 위해서는 효율적인 대금 결제 시스템이 필요하다. 그런데 해외 송금은 은행 화폐 체계를 통해야 하므로 기대한 것만큼 빠르지 않다. 이로 인해 물류 시스템의 속도가 느려지고 각종 리스크에 노출되면서 국제물류 경쟁력이 떨어질 수밖에 없는 구조다.

네이버는 SME의 해외 진출을 돕고자 크로스 보더 물류 경쟁력을 강화하겠다고 밝혔다. CBEC 시장은 더욱더 빠른 배송을 위한 민첩한 서플라이체인과 결제시장을 요구하고 있다. CBEC의 화물 운송 특성은 개별 상품 단위의 소규모 배송 프로세스로 높은 물류 비용과 통관이 복잡해지면서 납기가 길어지는 문제에 골머리를 앓고 있다.

네이버는 MFC와 CBEC 생태계 구축에서 거의 모든 것에 연결

CBEC 시장이 활성화되지 못하는 이유

구분	1순위	2순위	소계
인증 문제	7	0	14
결제 문제	8	11	27
배송 문제	15	4	34
취소 및 반품 문제	3	13	19
언어 문제	6	6	18
정부 지원 부족 문제	2	8	12
기타	6	4	16

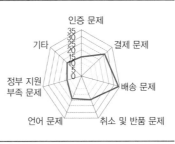

출처: 관세청 「관세행정 지원전략 연구」

이 되어 있는 물류에 주목하였고, 물류를 이용하여 움직이는 상품과 고객 정보 그리고 '돈의 흐름'을 꿰뚫기 시작했다.

오늘의집이 가구 배송을 혁신하는 이유

인터넷 비즈니스의 마지막 관문, 로지스틱스

누적 거래액 1조 원, 월 거래액 1,000억 원, 앱 다운로드수 1,500만, 투자 유치액 약 880억 원. 2021년으로 창업 8년 차인 버킷플레이스(서비스명 '오늘의집')의 현주소다. 창업자금 500만 원으로 시작해 한국 1위 인테리어 플랫폼으로 성장한 이 회사는 불과 2년 전만 해도 기업 가치가 400억 원에 불과했다. 그랬던 이 회사의 현재 기업 가치는 8,000억 원(2021년 2월 기준)으로 평가받고 있다. 2년 새 20배가 성장한 것이다.

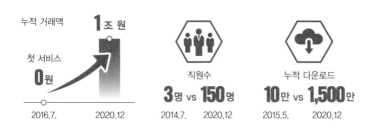

출처: 오늘의집

예쁜 집을 훔쳐볼 수 있는 콘텐츠

오늘의집 운영사인 버킷플레이스의 이름은 죽기 전에 꼭 이루어야
할 일의 목록을 뜻하는 '버킷 리스트'와 장소를 뜻하는 '플레이스'
를 합친 말로, 꼭 한번 살아보고 싶은 공간을 뜻한다. 죽기 전에 꿈
꿔왔던 집을 버킷플레이스와 함께 만들어보자는 의미로 이승재(현
CEO)와 김동영(현 콘텐츠 리드), 김진식(현 테크 리드)이 2013년 의기투
합했다.

버킷플레이스는 적은 비용으로 집을 바꿀 수 있는 서비스를 개
발하는 게 목표였다. 이승재 대표는 평소 '좋은 공간이 인생을 변화
시킨다'라는 신념이 있었다. 그는 버킷플레이스를 창업하기 전, 친
구들과 다른 스타트업을 운영하면서 직접 인테리어를 해볼 기회가
있었다. 그때 함께 창업한 친구들을 설득해 1,000만 원의 한정된

비용으로 사무실 인테리어를 진행한 것이다.

혼자서 공간 콘셉트를 잡고, 가구와 소품을 구입하고, 직접 시공하는 과정은 굉장히 어려웠다. 이승재 대표는 그때 처음으로 "인테리어를 잘하지 못하는 초보자도 멋있게 셀프 인테리어를 할 수 있는 서비스가 있으면 좋겠다"라는 생각을 떠올렸다. "인테리어 실행 과정을 쉽게 도와줄 수 없을까?"라는 의문은 버킷플레이스를 창업하게 된 동기이자 오늘의집 비즈니스 모델의 콘셉트다.

누구나 아름다운 집에서 살고 싶어 한다. 그러나 인테리어는 어렵고 전문가에게 맡겨야 할 것 같은데 비용이 많이 들 것 같아 엄두가 나질 않는 게 현실이다. 오늘의집은 이 같은 선입견을 깨고 누구나 집을 꾸밀 수 있게 도와준다. 인테리어의 시작은 예쁜 집을 훔쳐보는 것부터라고 말하는 오늘의집은 온라인 집들이 콘텐츠부터 스토어 정보, 전문가 시공 서비스 정보 등 인테리어에 필요한 정보를 한눈에 보여주며 '쉬운 집 꾸미기'를 돕는다.

실제로 인테리어를 위해 집을 꾸미는 과정에서 사람들은 여러 어려움에 맞닥뜨렸고, 잘 꾸며진 인테리어를 보고 팁을 공유하는 일에 목말라 있었다. 인테리어에 참고할 만한 콘텐츠 사례 수집, 원하는 제품의 합리적 구매, 리모델링 공사 전반 등 일반 소비자에게는 모든 것이 낯설 수밖에 없다.

패션은 길거리에서도 볼 수 있고 친구들과도 서로 나눌 수 있지만 인테리어는 집에 가지 않으면 볼 수도 배울 수도 없지 않은가.

게다가 일회성 구매에 그치다 보니 노하우를 쌓기도 어렵다. 그래서 오늘의집은 초보자나 경험자 모두가 더 예쁜 집에 살 수 있도록 그 욕망과 상상력을 불러일으킬 동기가 필요했다. 바로 예쁜 집을 훔쳐보게끔 하는 것이다. 그 첫 단계로 '콘텐츠'를 만들 필요가 있었다.

콘텐츠와 커머스의 연결고리 '(+)버튼'

오늘의집은 사업 초기 2년 동안은 사람들의 인테리어 사례와 정보를 모으는 데 집중했다. 여기서 서로 나누고 도움을 주고받을 수 있게끔 했다. 또 인테리어를 할 때 사람들이 쉽게 찾아볼 수 있는 공간을 제공했다. 좋은 콘텐츠가 쌓이고 많은 사용자가 모이자 2016년 7월 커머스 스토어를 오픈했다.

그러나 결과는 참혹했다. 커머스를 선보인 후 1주일간 매출은 '0원'이었던 것이다. "대체 왜 사람들이 구매하지 않을까?" 하고 원인을 분석했고, '콘텐츠 서비스'를 사용하는 맥락과 '커머스'를 사용하는 맥락이 아예 다르다고 판단했다. "와! 구매하고 싶어요"라고 소비자가 반응하더라도 호주머니에서 돈을 꺼내 지불하기까지는 전혀 다른 의사결정 구조를 따른다는 것이다. 오늘의집은 좋은 콘텐츠가 구매 의사결정까지 쉽게 진행되지 않는 이유를 더 고민해야 했다.

오늘의집은 사용자들이 자신의 집 사진을 공유하는 콘텐츠 서비스로 시작했다. 집을 꾸밀 때 참고할 수 있는 자료(콘텐츠)를 쉽게 찾아볼 수 있게 공간을 만든 것이다. 오늘의집은 사용자들이 자료를 찾은 뒤 공간을 꾸밀 수 있는 것들에 대한 정보를 공유할 수 있도록 했다. 이 과정에서 인테리어 사진에 자체적인 태그 (+)버튼 기능을 삽입했다.

인스타그램처럼 사진(콘텐츠)이 태깅(Tagging)되고 관련 광고나 판매 정보 등이 보이는 것처럼 해당 버튼을 클릭만 하면 관련 제품에 대한 정보를 쉽게 취득할 수 있는 편리한 기능이다. 누구나 사진을 클릭해 곧바로 사진 속 제품 정보를 확인하고 구매할 수 있다. 해당 제품을 다양하게 활용한 후기를 따로 모아볼 수도 있다. 단순히 사진으로 끝나는 것이 아니라 제품 정보에 대한 궁금증을 해결해주고 즉시 구매까지 연결해준다. 예쁜 인테리어 사진 속 태그 (+)버튼이 콘텐츠와 커머스를 매개한 것이다. 오늘의집이 확보한 사진

제품 탐색부터 구매까지 가능한 스토어

콘텐츠 속 제품 정보가 궁금하다면 태그를 클릭하여 제품의 상세 정보를 확인하고, 구매까지 한 번에 이루어질 수 있도록 편리한 구매 경험을 제공합니다.

오늘의집의 태그 (+)버튼

태그 (+)버튼 정보는 900만 개, 서비스 내 노출 제품은 10만 개가 훌쩍 넘는다.

버티컬 커머스의 확장 "물류를 넘어라"

오늘의집은 온라인에서 가구와 인테리어 소품을 판매하는 '인더스트리 버티컬 커머스(Industry Vertical Commerce)'다. 덩치가 큰 가구를 온라인에서 판매하다 보니 취급 제품의 크기에 따라 배송 방법이나 물류 운영 방식이 네이버, 쿠팡, 11번가 등 일반 쇼핑몰과 다르다.

오늘의집처럼 가구 등 특화된 품목을 판매하는 인터넷 서비스 사업자에게 물류 서비스는 더 큰 도전을 가져다준다. 바로 '배송'이다. 오늘의집은 콘텐츠 분야에서 핀터레스트(Pinterest)와 비교되지만, 커머스 분야에서는 '웨이페어(Wayfair)'가 비교 대상이다. 여기서 웨이페어에 대해 잠깐 알아보자. 웨이페어는 2002년 설립된 온라인 가구 판매업체다. 협력업체가 1만 1,000여 곳으로부터 공급받는 인테리어 제품은 1,800만 개다.

웨이페어는 북미와 유럽에 대형 물류센터 12곳을 보유해 어느 지역이든 이틀 내에 배송이 가능한 시스템과 인프라를 갖췄다. 빠른 배송과 무료 배송, 그리고 꼼꼼한 포장으로 소비자의 만족도를 높이고 있다. 아마존이 인테리어 사업을 키우고 있어 경쟁이 심하지만, 북미와 유럽의 관련 시장 규모만 8,000억 달러다. 이곳에서 웨이페어의 점유율은 1%대에 불과하다. 그만큼 성장 가능성이 무한한 시장이기도 하다.

커머스를 강화하는 오늘의집이 당면한 새로운 도전은 '가구 배송에 대한 고객 경험을 개선하는 것'이다. 오늘의집이 물류팀을 구성하고 관련 분야 전문가들을 신중하게 채용하는 것도 모두 빠른 배송이나 가구 공급사에 풀필먼트 서비스 제공을 준비하려는 맥락에서다.

오늘의집이 물류 혁신을 이끌고자 첫 번째로 영입한 인물은 바로 강성주 전 마켓컬리 물류본부장이다. 그는 오늘의집에서 'HOO(Head of Operations, 최고운영책임자)로 불린다. 다음은 강성주 HOO의 인터뷰 중 일부다.

> "오늘의집은 사용자들의 경험을 커머스 영역까지 확대해 이전에 경험하지 못했던 가구 배송의 혁신을 준비 중이다. 쿠팡이 쏘아 올린 로켓은 온라인 배송에 대한 소비자들의 기대 수준을 한 단계 높여놨다. 가구 배송이라는 카테고리에서 소비자 경험을 개선하는 것이 오늘의집이 물류를 혁신하려는 이유다."

가구 배송과 설치 물류는 로켓이 될까?

한국은 원래 집보다 밖에서의 활동이 많아 집과 관련된 경험이 적었다. 그러나 주 52시간 근무제, 코로나19로 인한 재택근무 등으로 인테리어 시장의 성장이 가속화됐다. 오늘의집이 물류 혁신으로 도약을 구상하는 것은 시기상으로도 적절하다 할 수 있다. 그렇다면 오늘의집은 가구, 인테리어, 리모델링이라는 세 가지 키워드를 놓고 어떤 물류사업을 구상하고 어떤 목표를 세웠을까? 간단히 정리해보면 다음과 같다.

- 온라인으로 구매한 가구 배송에 대한 소비자의 안 좋은 추억을 바꾸는 것이다.
- 빠른 배송(지정일 배송)에 대한 소비자 니즈를 맞추기 위한 배송 전략의 변화다.
- 가구와 인테리어 소품에 대한 각각의 배송 전략을 새롭게 꾸미는 일이다.
- 오늘의집에 가구를 공급하는 파트너에게 일정 수준의 물류 역량을 지원하는 것이다.
- 인테리어 중개 플랫폼을 활용한 B2B 건자재 공급망을 갖추는 것이다.
- 사입의 규모는 우선 안정적인 차량배차가 가능한 만큼만, 즉

생산단과 공급선에 맞추는 현실적인 플래닝이다.

물류는 비용이다. 올해 뉴욕증시에 상장한 쿠팡은 로켓배송으로 100조 원의 기업 가치로 성장했지만, 그 배송 모델 때문에 적자에 시달리고 있다. 오늘의집의 커머스 비교 사례로 꼽히는 온라인 가구점 웨이페어도 지난해 90억 달러 매출을 올렸지만, 배송, 재고 관리 등 공격적인 물류 역량 강화 여파로 10억 달러의 손실을 기록했다. 오늘의집이라고 이들처럼 비용의 늪을 피할 순 없을 일이다.

오늘의집 내부에서도 가구에 대해 굳이 익일 배송 서비스를 제공해야 하는가에 대한 걱정의 소리가 있었다. 아무리 빠른 배송 시스템을 갖춘다고 해도 공급단(가구 생산)에서 제때 납기를 맞추지 못하면 무슨 소용이 있겠느냐는 현실적인 우려였다.

실제로 경기도 포천에 위치한 중소형 가구 공장들은 칠판에 의자 10개, 책상 5개 등 당일 제조해야 할 품목과 개수를 써놓고 제작하고 있다. 물론 ERP 도입을 통해 체계적인 생산과 물류 운영을 하는 업체들도 있다. 하지만 영세하거나 일정 수준에 도달한 공급업체 모두가 오늘의집 고객사이기도 해서 혁신을 한쪽에서만 이끄는 것은 한계가 분명해 보였다.

문제는 또 있었다. 인테리어 소품은 대형 택배사의 터미널이 위치한 인근에 창고를 얻어 익일 배송 체계를 갖추기는 비교적 쉽지만 최근 택배업계가 화물의 크기에 따라 택배 요금을 대폭 인상해서 크기가 큰 인테리어 소품에 대한 운송료 부담이 더 커졌다. 제품의 크기별로 운송료가 다르지만, 건당 최소 3,000원 이상 올랐다는 게 현장의 소리다.

오늘의집은 인테리어 소품보다 가구 배송에 대한 개선이 더 시급하다고 판단했다. 택배로는 운송이 불가한 가구를 운송할 화물차를 수배하기가 더 어려웠기 때문이다. 오늘의집은 수도권을 중심으로 가구를 배송할 화물차의 적정 대수를 500대 정도로 분석하고 있다. 그래서 본사 직영 체제로 화물차를 운영해볼까도 고민했지만, 성수기와 비성수기가 있는 가구 시장의 상황을 고려할 때 자체 운영은 수익성 악화로 이어질 게 불 보듯 뻔했다.

이에 대해서는 강성주 HOO도 생각한 바였다. 그는 "물류를 시작하면 돈이 엄청나게 들어갈 수밖에 없다. 초기 쿠팡처럼 적자를 감수하면서까지 물류를 꼭 해야 하는지에 대해 많은 투자자의 우려가 있었다. 그때 이 대표는 오늘의집이 물류 없이는 고객 문제를 근본적으로 해결할 수 없다는 비장한 각오로 투자자를 설득한 것으로 알고 있다"라고 했다.

가구는 일반 택배처럼 컨베이어에 태울 수 없다. 그 크기와 무게 때문이다. 그렇다면 오늘의집은 쿠팡의 로켓배송과 다르게 물류 혁신의 방향성을 고민하지 않았을까?

쿠팡은 아마존과 비교될 정도로 WMS(Warehouse Management System)와 OMS(Order Management System), TMS(Transportation

Management System) 등 자동화 시스템과 설비 측면에서 국내 어떤 업체보다 앞선 운영 노하우를 자체적으로 축적한 대표적인 이커머스다. 한마디로 산전수전 공중전까지 치르면서 관련 시장에서 대형 업체들과 경쟁해 리딩 기업의 자리까지 올라섰다. 그런 쿠팡을 대상으로 오늘의집이 물류로 더 혁신할 수 있는 게 있을까? 혁신이 가능하다면 단시간 안에 따라잡을 수 있을지에 대한 의문이 들었다.

하지만 강성주 HOO는 생각이 달랐다. 가구라면 다르게 해볼 만하다는 것이다. 그는 "가구는 컨베이어에 태울 수 없고, 자동화하기가 굉장히 어려운 제품군이다. 그래서 창고의 레이아웃이나 화물의 동선을 스마트하게 운영하면 가구 시장을 리딩하는 정도까지 오늘의집의 물류 역량을 끌어올릴 수 있을 것이라 판단했다. 물론 넘어야 할 혁신의 과제가 있지만 말이다."라고 했다.

그가 '해볼 만하다'고 마음먹자, 하필 이날 쿠팡이 가구의 로켓 설치 서비스를 선보인다고 발표했다. 그러자 내부적으로 또 고민이 많아졌다. 왜 가구를 대상으로 빠른 배송을 제공해야 하는지, 고객의 니즈가 있기는 한지, 그렇다면 도대체 그 비용은 어떻게 조달할지…… 반복된 질문에 강성주 HOO의 머릿속이 복잡했을 것이다.

쿠팡은 주거종합정보플랫폼 하우저와 손잡고, 가구 제품에 대해 로켓 설치를 제공했다. 그러나 가구를 생산해 쿠팡에 공급하는 업체는 오늘의집의 파트너사이기도 했다. 오늘의집은 쿠팡이 로켓 설치 서비스를 시작한 것보다 이전에 고객을 대상으로 빠른 배송과 익일 배송에 대한 수요와 서비스 비용에 대한 지급 의사(Willing to pay)에 대해 설문 조사를 했다. 그래서 그 결과를 다시 꼼꼼히 살펴봤다. 결론은 '온라인 가구 판매에서 빠른 배송 시장의 수요가 있다'라고 판단했다.

그 근거로서 강성주 HOO는 이렇게 말했다. "과거 가구 배송이 빠르게 되지 못했기에 빠른 배송에 대한 소비자 요구가 많았다. 대략 1만 원 정도 선에서 익일 배송 서비스를 원하는 것으로 나타났다. 흥미로운 점은 실제로 가구를 2주 넘게 기다려서 받은 고객들의 지급 의사 금액은 2만 원 정도였다. 1주일 이내에 배송 경험이 있는 고객에 비해 빠른 배송에 대한 지급 의사가 분명했고, 그 금액도 더 컸다."

경기도 포천에 풀필먼트 센터를 만든 이유

오늘의집은 가구 배송의 혁신을 추진하면서 지난해 10월 경기도 포천에 1,500평 규모의 풀필먼트 센터를 마련했다. 오늘의집 커머스 플랫폼에서 가구를 팔고 있는 파트너사의 물류 업무를 대행하면서 상품 배송까지 해주면 어떨까 싶었다.

강성주 HOO나 오늘의집 물류팀 팀원 대부분이 가구 등 이형(異形) 상품에 대한 운영 경험이 부족했다. 그래서 처음부터 센터를 대형화하는 것보다는 우선 작은 규모라도 가구 물류에 대한 경험을 쌓고 연습을 해보자는 차원에서 접근했다. 이게 잘 되면 파트너사의 배송 경쟁력 향상은 물론이요, 오늘의집의 물류 혁신까지 연결되는 선순환 구조가 된다.

다행인지 불행인지 오늘의집은 포천 센터를 가동하자마자 파트너사의 배송 대행 업무가 쉽지 않다는 것을 빠르게 파악했다. 예를 들어 A라는 가구 공급사는 생산 계획에 잘 맞춰 정해진 날짜에 약속한 물량을 센터에 입고해주는 반면 B, C, D 등 여러 회사가 그 일정을 제대로 이행하지 못하는 경우가 발생한 것이다. 오늘의집이 익일 배송 서비스가 가능하게끔 물류 프로세스를 바꾸더라도 파트너사가 제때 제품을 공급하지 않으면 배송 스케줄이 무너질 수밖에 없었다. 고객도 오늘의집을 이용해봤자 '뭐가 달라진 거냐'라며 그 배송 경험이 망가질 게 뻔했다.

석 달의 고민 끝에 강성주 HOO는 이렇게 결론을 내렸다. "사업의 규모와 대상은 그 달에 화물차량을 몇 대 돌릴 수 있을까에 맞춰야 했다. 예를 들어 6월, 7월 등 매월 몇 대씩 배차가 가능할지, 그래서 그 차량 대수를 기준으로 배송할 수 있는 가구 품목과 물량이 얼마나 되는지를 파악하는 데 주력했다. 그렇게 몇 달 돌리면서 다음 달에는 몇 대, 매달 얼마씩 차량을 돌릴 수 있을지 예상이 됐고, 그 수치에 따라 점차 물량 규모를 늘릴 수 있었다." 그는 일정 재고를 보유하는 사전 구매(사입) 기반으로 서비스를 제공하기로 한 것이다. 전 품목으로 확대하려면 거래액이 상당해서 그 위험을 다 감당할 수는 없는 노릇이었다. 그래서 오늘의집은 빠른 배송을 테스트할 구매 품목과 물량을 선택해야만 했다.

커머스 영역을 확장하고 있는 오늘의집은 온라인 판매자라면 꼭 한번은 넘어야 할 물류 혁신이라는 당면 과제에 맞닥뜨렸다. 물류는 온라인 서비스가 오프라인으로 실현되는 지점에서 서비스 평판의 최종 목적지로 인식되기 때문이다.

그래서 오늘의집은 가구 제품의 특성을 고려한 물류 전략을 수립하기에 이르렀다. 그리고 몇 가지 원칙을 세웠다. 과거 소비자가 느꼈던 가구 배송의 불편한 점에 대한 경험 개선과 제품별 배송 전략을 새롭게 꾸미고, 제품을 공급하는 파트너의 물류 역량 강화를 돕기 위해 풀필먼트 대행까지 사업 영역을 확장했다. 이 모든 것은 오늘의집의 가구 배송 혁신을 위한 일이지만 나아가 국내 인테리어 산업 전체의 물류 표준화를 통한 물류 경쟁력 제고라는 선순환 구조로 확대하는 초석을 만들고 있을지도 모를 일이다.

오늘의집은 물류 개선을 통해 건설 현장에 건자재나 인테리어 자재를 납품하는 공급망 모델 구축이라는 두 마리 토끼 사냥에 나서는 것도 계획 중이다. 인테리어 중개 서비스를 통해 관련 사업자와 긴밀하게 연결돼 있어 이게 B2B 영역으로 확장할 수 있는 발판이 될 수 있다는 판단에서다. 예를 들어 배달의민족이 음식 배달 주문 앱을 운영하면서 직접 식자재 사업은 하지 않지만 대신 식음료 포장재나 소모품을 공급하고 있는 것과 비슷한 개념의 방식이다.

결국 건자재나 인테리어 자재의 공급망 가시성(Supply Chain Visibility)이 확보되어야만 제공할 수 있는 서비스인데, 오늘의집이 계획대로 물류 역량을 강화한다면 도전해볼 수 있는 타당성이 충분해 보인다. 테크를 통해 라이프스타일을 바꾸겠다는 오늘의집. 이 회사의 한쪽 벽면에 큼지막하게 적혀있는 'No. 1 Lifestyle Tech Company'의 캐치프레이즈 속에 오늘의집이 왜 물류를 혁신하는지 그 이유가 숨어 있었다.

도심 물류를 대중교통과 연계한다면?

도심형 물류센터가 필요한 이유

물류센터나 풀필먼트의 입지 선택 기준은 '접근성'과 '비용'이다. 그러나 이 두 가지는 상반된 개념으로 접근성이 좋으면 비용이 커지고, 비용을 살피면 접근성이 불리해진다. 마치 저울처럼 한쪽에 무게를 둘수록 다른 쪽 요인은 기대치에서 멀어질 수밖에 없다.

물류센터와 도심 내 풀필먼트센터의 공급은 개별입지 개발 형태와 물류 단지형 개발(집적화) 형태로 나뉜다. 예를 들어 김포, 곤지암 등 특정 지역에서 물류단지 인허가를 통해 추진되는 대규모 물류단지 개발은 후자에 속한다.

대중교통과 연계한 도심물류

해외에서는 도심 내 이커머스 전용 물류센터 개발이 유행이다. 가까운 일본은 몇 년 전부터 정부 주도로 도심 친화형 고층 물류센터가 개발 중이다. 도쿄 시내를 동서남북으로 나누어 4개의 집하 및 배송 거점을 오래전부터 계획해 운영 중이다. 이 때문에 이커머스들은 도심 내 주요 거점에 물류센터를 확보하게 돼 도심 물류의 흐름이 원활해졌다.

이커머스 등 온디맨드 서비스의 급성장은 라스트 마일 딜리버리와 함께 성장 중이다. 도심 물류의 특징은 단순히 빠른 배송을 위한 기능 이외에도 서비스 사업자들의 사무공간 수요까지 수용하고 있다. 물류팀은 물론 A/S, 연구·개발 등 다양한 업무파트가 함께 물류센터에 입주하고 있어서 도심 내 물류센터는 제한된 토지의 효용성을 극대화하고자 모든 층수에 차량 접안이 가능한 램프형 복층 구조가 대세를 이루고 있다.

일본은 도심 물류의 수요가 늘자 시내에 물류시설용지를 지정해 지목변경 및 용도제한을 두어 물류시설만 공급될 수 있는 제도를 마련했다. 이런 정책 변화로 인력공급이 쉬워졌고 대중교통과 일반인을 운송수단으로 연계하는 것이 가능해져서 다양한 편의시설을 갖춘 선진형 물류센터를 공급할 수 있었다.

중국은 대규모 물류단지의 개발이 주류를 이루고 있다. 중앙정

일본 도심형 물류센터 구조의 한 사례

고층 건물을 이용해 보관 효율성을 높이고, 지하철 등 대중교통 시설 연계를
통해 빠른 배송 프로세스를 갖춘 것이 특징이다.

부 및 각 지방정부의 주도하에 상해, 양산, 천진과 같은 대형 항만
이나 소주, 선전 등 주요 생산거점의 배후에 초대형 물류단지를 조
성하여 생산과 유통 및 물류가 연계되도록 개발 중이다. 또 대형
물류단지에 보세구역과 세관을 배치하여 원스톱(One-stop) 통관 서
비스를 구현한 것도 특징이다. 이 중 육상운송과 철도, 해상운송망
이 결합하는 복합형 구조를 띠고 있다.

도심 물류 계획은 정부가 살펴야 한다

몇 년 전부터 국내 유통제조업체들은 기존 오프라인 물류 전략에서 온라인 중심으로 새로운 거점 분석과 계획을 세우느라 분주하다. 그러나 기업들은 도심 내 물류 수요가 늘고 있지만 마땅한 자리가 없어 고민이 크다.

물류센터 입지에서 가장 큰 비용적 요인은 토지가격이다. 물류 부지는 여타 시설용지 대비 토지 효율성이 매우 낮다. 금액 가치로 환산했을 때 토지 활용도는 '상업용지 > 주택용지 > 공장 및 산업용지 > 지원시설용지 > 물류용지 > 농지 > 임야 및 녹지' 순으로 낮다. 이 중 농지와 녹지는 그 용도 전환을 법으로 엄격히 규제하고 있어서 실제로 임야를 제외하면 물류 용지의 토지 사용 가치가 최하위다.

정부가 산업의 균형 발전 차원에서 물류시설 입지 문제를 심도 있게 접근해야 하는 이유다. 우리나라처럼 가용 토지가 절대적으로 부족한 국가에서는 그 사용권 선택에 세심할 필요가 있다. 도로 위에서 시간과 기름을 허비하는 시간이 줄어들지 않는 한 국가물류 경쟁력에도 도움이 안 되기 때문이다.

:

상품 노출 페이지 하나 없는
온라인 패션몰
스타일리스트의 추천과 무료 반품 그리고 알고리즘

온라인 패션몰이라면 기본 중의 기본이라고 할 수 있는 상품 노출 페이지 하나 없이 20억 달러 이상의 기업 가치를 평가받은 패션업체가 있다. 이 업체가 집중한 것은 알고리즘이었다. 상품 추천 기능을 넘어서 물류, 생산까지 모든 공급망 프로세스 안에 데이터를 적용했다. 바로 IT기업 스티치픽스(Stitch Fix) 이야기다.

스티치픽스는 스탠퍼드대학에서 경제학을 전공하고 하버드경영대학원을 졸업한 카트리나 레이크(Katrina Lake)가 2011년 창업했다. 이 회사는 AI가 제공하는 맞춤형 스타일링 서비스로 큰 성공을 거뒀다.

스티치픽스의 AI 알고리즘은 고객이 입력한 신체 정보, 평소 좋아하는 브랜드, 직업, 예산 등을 바탕으로 고객이 가장 선호할 만한 패션 아이템 5개를 골라 고객에게 배달한다. 고객은 이 중에 마음에 드는 아이템만 골라 결제할 수 있다. 스티치픽스는 2017년 나스닥에 상장한 뒤 2018년 약 11억 달러 매출을 달성했다. 전 세계 340만 명이 스티치픽스를 사용하고 있다.

상품 페이지 없는 패션몰

스티치픽스 웹페이지에는 상품판매 안내 페이지가 단 하나도 없다. 일반적인 패션 쇼핑몰이 웹페이지에 다양한 종류의 제품을 세련된 사진과 설명을 올려 소비자에게 어필하는 것을 봤을 때 매우 이례적이다.

스티치픽스가 폭발적으로 성장할 수 있던 이유는 이 상품판매 페이지 하나 없는 비즈니스 모델에 있다. 스티치픽스는 오직 스타일리스트의 추천을 통해 고객이 제품을 구매하는 방식을 적용하고 있다. 스티치픽스 홈페이지를 검색하면 'Your Online Personal Stylist(당신만을 위한 온라인 스타일리스트)'라고 자사를 소개하고 있는데, 이 말 그대로 비즈니스 모델을 운영하고 있다.

고객 입장에서 스티치픽스 상품의 구매 과정을 살펴보자. 스티

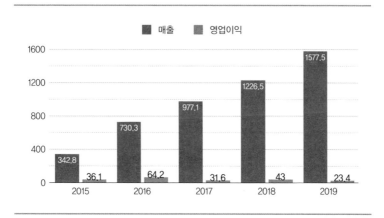

스티치픽스의 최근 5년간 영업 매출 및 영업이익

■ 매출　■ 영업이익

치픽스에 가입한 고객은 최초 가입 때 스타일 프로필(Style Profile)이라는 설문을 작성하게 된다.

단계별로 구성된 설문에서 고객은 먼저 자신의 신체 사이즈와 직업군과 같은 정보를 써넣는다. 이후 선호하는 핏(슬림핏, 스트레이트, 루즈핏 등)과 주어진 다양한 패션 코디 조합에 대한 선호도를 체크한다. 그리고 하의부터 상의에 이르는 의류 유형별 구매희망 가격 범위를 설정한다. 마지막으로 인스타그램이나 핀터레스트 등 스타일리스트가 참고할 만한 자신의 소셜미디어 정보를 추가로 제공할 수 있다.

스타일 프로필 작성을 완료한 후 고객은 상품을 배송받는 시간 간격을 설정하고 주소와 결제 정보를 입력한다. 이후 고객이 설정한 주기마다 스티치픽스에 소속된 스타일리스트들의 추천을 통해

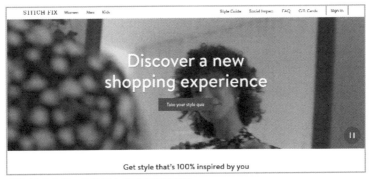

상품리스트가 없는 스티치픽스 홈페이지 메인화면

5개의 상품을 배송받게 되는데, 이를 '픽스(Fix)'라고 부른다.

하나의 픽스에 5개의 상품이 고객에게 전달되는데, 고객은 마음에 드는 상품은 구매하고 나머지 상품은 사이즈를 교환하거나 반품할 수 있다. 5개 상품을 모두 구매하면 25%의 추가 할인이 적용되고, 하나만 구매하더라도 20달러의 스타일 추천 비용은 면제된다.

핵심은 전문가의 추천

스티치픽스는 상품 판매 페이지를 없애며 온라인 유통의 가장 큰 장점인 제품 노출을 포기했다. 넘쳐나는 제품 사진과 설명을 보면서 자신에게 적합한 상품을 고르는 데 어려움을 호소하는 고객의 고충을 해결하는 게 목적이었다.

카트리나 레이크는 고객이 지치기 전에 가장 적합한 제품을 안내하고 추천하는 것이 매우 중요하다고 판단했다. 쇼핑몰 홈페이지에서 불특정 다수의 고객을 상대로 제품 정보를 밀어내는(Push) 방식이 아니라 개별 고객의 선호도를 분석하여 고객에게 가장 적합한 제품을 제공하는(Pull) 방식으로 승부를 걸었다.

2021년 현재까지 알려진 바에 의하면 스티치픽스 고객의 3개월 유지율(최초 가입 후 3개월 동안 서비스를 지속 이용하는 비율)은 45~50%를 상회하고 12개월 유지율 역시 20% 수준이다.

스티치픽스는 고객들이 선호할 만한 상품을 얼마나 정확하게 추천하는가에 성공이 달려 있다고 보고 정확한 상품 추천을 위하여 풀타임 및 파트타임 스타일리스트들을 고용했다. 2011년 창업 후 4년 만인 2015년에 스타치픽스 소속 스타일리스트는 1,000명 수준

스티치픽스 상품추천

고객은 자신이 선호하는 패션코디 조합을 선택할 수 있다.

이었지만, 2016년에는 2,800명, 기업 공개 직전인 2017년 10월에는 3,500명의 스타일리스트를 통해 고객에게 제품을 추천하고 배송했다.

데이터가 스타일을 만든다

만약 스티치픽스가 스타일리스트에 전적으로 의존하여 상품을 추천하는 시스템을 구축했다면 전통적인 기업과 완전히 차별화된 기업이라고 할 수 없을 것이다. 매출이 증가하는 만큼 스타일리스트를 더 고용해야 할 것이고, 고객 증가에 따른 변동성을 고려하면 스타일리스트 고용에 들어가는 비용은 매출 성장세보다 더 높아질 가능성도 있기 때문이다.

만약 한 명의 스타일리스트가 광범위한 패션 카탈로그에서 고객에게 적합한 제품을 추천하기 위해서는 각각의 고객을 자세히 분석하고, 상품 검색 및 탐색을 거쳐야 하므로 상당한 수준의 노력과 시간이 필요하다. 자연히 매출 성장 대비 비용 증가 속도를 억제하는 것이 핵심 포인트다. 바로 여기에서 스티치픽스의 놀라운 비즈니스 모델이 빛을 발한다.

카트리나 레이크는 훌륭한 안목을 가진 스타일리스트 확보만큼 중요한 것이 스타일리스트들의 생산성을 높이는 '자체 추천 시스템 구축'에 있다고 봤다. 그래서 창업 후 1년 뒤인 2012년, 온라인 비디오 스트리밍 업체 넷플릭스(Netflix)로부터 에릭 콜슨(Eric Colson)을 영입한다. 넷플릭스는 세계 최고 수준의 비디오 추천 알고리즘을 가진 회사다. 이런 넷플릭스에서 영입한 콜슨은 스티치픽스를 데이터에 기반한 알고리즘 기업으로 성장시키는 데 크게 기여한다.

스티치픽스의 데이터 기반 알고리즘은 각각의 고객이 작성한 스타일 프로필에 따라 가장 적합한 상품 그룹을 계절별·시기별로 스타일리스트에게 추천한다. 스타일리스트는 고객별로 추천된 후보 그룹에서 가장 적합한 5개의 상품을 골라 최종 추천한다. 콜슨이 설계한 알고리즘을 통해 스타일리스트들은 투입 시간을 최소화하면서도 고객에게 적합한 상품 추천이 가능해졌고, 그렇게 절약한 시간을 고객과 소통하는 데 쓸 수 있게 됐다.

알고리즘이 바꾼 프로세스

스티치픽스는 사업 초기부터 상품의 디자인이나 생산에 초점을 둔 것이 아니라 시장에 나와 있는 다양한 상품에서 고객에게 적합한 제품을 추천하는 데 초점을 맞췄다. 이에 따라 200개 이상의 브랜드와 협력하여 고객에게 적합한 상품을 선택하고 이를 고객에게 배송하는 방식을 적용하고 있다. 고객이 상품을 고르고 구매하는 것이 아니라 스티치픽스에서 정해진 시기에 추천해 정기배송하는 식의 유통 프로세스이기에 수요예측, 재고관리, 배송관리가 상당히 효율적이다.

하지만 추천한 제품을 고객이 반품하면 문제가 발생할 수 있다. 매출이 증가할수록 더 많은 반품이 발생할 수밖에 없는 노릇 아닌가? 반품은 필연적으로 물류창고 내 재고관리에 문제를 일으킨다. 카트리나 레이크는 기업 공개 전까지 스티치픽스가 투자받은 투자금은 대부분 상품 구매 및 재고, 반품 관리에 사용할 수밖에 없었다고 말했다.

이는 스티치픽스가 데이터에 기반한 알고리즘을 전사적으로 확대 적용하여 최적화하는 데 노력하기 시작한 이유다. 스티치픽스의 알고리즘은 다음과 같은 단계를 적용한다.

고객이 스타일 프로필을 작성하고 나면 고객이 설정한 시간 간격마다 상품 추천 프로세스가 시작된다. 먼저 스티치픽스가 확보한 상품 중 고객에게 추천 가능한 상품을 필터링하는 과정이 진행된다. 이미 한번 추천되었거나 고객이 선호하지 않는 특성을 가진 상품들을 제외한 후 해당 고객과 유사한 특성을 가진 고객들이 선택한 과거 상품 선택 이력 데이터를 활용하여 각각의 상품에 대한 고객 선택 확률을 계산한다. 이를 스티치픽스는 협업 필터링(Collaborative Filtering, 이용자들의 사용 형태, 소비 기록 등 정보를 분석하여 이용자가 선호하는 정보를 예측하는 방법)이라 부른다. 고객이 늘어날수록 상품 추천의 정확도가 올라가는 특성이 있기에 회사가 성장할수록 더 의미 있는 추천이 가능해진다.

물론 협업 필터링 알고리즘은 각각의 고객을 미리 유형화된 고객 그룹에 연결하기 때문에 개별 고객의 세세한 선호도를 반영하기 어렵다는 한계가 있다. 하지만 고객은 스타일 프로필을 미리 작성할 뿐 아니라 핀터레스트, 인스타그램 등 소셜미디어 정보를 동시에 제공하기 때문에 사진을 학습하는 과정에서 개별 고객의 세세한 특성을 반영할 수 있다. 굳이 말로 표현하지 않아도 '좋아요'를 누른 사진 분석을 통해 고객의 취향을 파악할 수 있는 것이다.

이렇게 스티치픽스는 자체적으로 보유한 상품 재고에서 고객에게 가장 적합한 후보 상품 리스트를 일단 작성하고, 해당 후보 상품 리스트를 스타일리스트에게 제공한다. 고객의 세세한 특성을 반영하는 가장 중요한 단계이기 때문에 해당 고객에게 가장 적합한 스타일리스트를 선택하는 데에도 알고리즘이 적용된다. 이때 적용되는 것은 스타일리스트와 고객의 스타일 선호도 일치 여부다.

고객에게 맞는 스타일리스트가 선택되고 나면 스타일리스트는 고객 선호도 정보, 과거 상품 구매 이력 등을 종합적으로 판단하여 최종 5개의 상품 선택에 활용하게 된다. 이후 물류창고의 상품 선택에서 배송 차량 결정에 이르는 물류 프로세스 전반에도 알고리즘이 적용되는 것이다.

스티치픽스의 협업 필터링 알고리즘은 생산 영역까지 확대, 활용되고 있다. 물론 스티치픽스가 자체 생산 설비나 디자이너를 보유한 것은 아니다. 그러나 상품 추천 과정에서 확보한 데이터를 바탕으로 시장에 나오지 않은 패션 디자인에 활용하는 단계까지 발전했다. 고객이 선택한 상품들을 개별 디자인 요소별로 분해하여 선호도 정보로 저장하고, 이를 활용하여 새로운 디자인을 설계하는 데 활용한 것이다.

예를 들어 여성용 블라우스를 디자인할 경우, 기본 디자인 선택 후 개별 디자인을 요소별로 조합하여 새로우면서도 고객이 선호할 만한 디자인으로 만들어냈다. 이 과정에서 조합 가능한 블라우스 디자인은 30조 개 이상이라고 한다. 어마어마한 숫자다. 지금까지 인류가 만들어낸 블라우스 디자인은 100만 개 수준이라고 하니 향후 알고리즘이 새롭게 설계하는 패션이 가져올 파급력은 무시하기 힘든 수준이 될 것으로 보인다.

스티치픽스가 쏘아올린 공

스티치픽스의 성공은 다른 패션 브랜드에도 영향을 미쳤다. 미국 내 스포츠 패션 분야 강자 중 하나인 언더아머(Under Armour)는 스티치픽스와 매우 유사한 비즈니스 모델을 도입했다.

스티치픽스와 달리 스타일링 비용을 전혀 받지 않고 회원가입

후 미리 설정한 간격(30일, 60일, 90일 중 선택)마다 4개에서 6개의 상품을 배송해준다. 고객은 해당 상품을 모두 다 구매하면 20%의 추가 할인을 받을 수 있고, 전혀 구매하지 않더라도 별도의 페널티 없이 상품을 반품할 수 있다.

또 다른 예로 아마존은 프라임 멤버십 가입 고객에게 프라임 워드로브(Prime Wardrobe)라는 새로운 형태의 의류 판매 비즈니스 모델을 선보였다. 아마존프라임 고객은 아마존 홈페이지에서 패션 상품을 고른 후 무료로 배송받고 무료로 반품할 수 있다. 정교한 추천이 불가능하다면 최대한 다양한 상품을 공짜로 배송하고 손쉽게 반품할 수 있게 만드는 것도 하나의 방법이 될 수 있다.

상품 재고를 미리 확보하고 반품된 제품을 다시 판매하는 과정에서 악성 재고가 남을 경우, 상품 관리가 불가능하면 수익성에 큰 문제가 발생할 수 있다.

아마존의 프라임 워드로브

앞서 언급한 바와 같이 고객에게 상품을 제때 배송하기 위해 스티치픽스는 물류창고를 미국 전역에 확보하고 있다. 각각의 물류 창고에는 수많은 상품이 새롭게 주문되어 입고되거나 고객으로부터 반품되어 재입고되는 구조다.

정확한 수요예측 및 적정재고 관리는 스티치픽스 수익성 확보의 핵심 열쇠다. 수요예측에 따라 미리 확보한 재고가 제때 판매되지 않거나 반품되어 재입고된 재고 처리 부분은 스티치픽스의 발목을 잡을 가능성이 크다.

이런 문제를 푸는 해답도 '데이터'에 있다. 폭넓고 대량으로 확보 가능한 데이터는 최적화 알고리즘과 기계학습의 품질을 한 단계 올릴 수 있다. 신경망 네트워크(Neural Network)와 크게 달라 보이지 않던 딥러닝 기법을 성공하게 만든 것도, 복잡도 때문에 한계에 부딪혔던 최적화 알고리즘의 효율성을 크게 끌어올린 것도, 모두 데이터와 패턴의 확보에 있었다고 볼 수 있다.

결국 데이터에 기반한 알고리즘 기업으로 성장할 수 있는지에 대한 여부가 미래 제조와 유통을 결정짓는 관건이 될 것이다. 그러고 보면 패션의 완성은 디자인이 아니라 알고리즘이라 얘기할 수 있는 시대다.

:

랜(LAN)선을 항해하는 컨테이너,
디지털 물류 혁신

맬컴 매클레인과 라이언 피터슨에게 묻다

해마다 11월이면 전 세계의 소매시장이 들썩인다. 미국의 최대 쇼핑 시즌인 '블랙 프라이데이'와 중국판 블랙 프라이데이인 '광군절' 때문이다. 한국의 알뜰 소비자도 이 기간에는 인터넷 쇼핑을 하느라 바빠진다. 구매 품목은 의류, 가구, 전자제품 등 다양하다. 재미있는 사실은 한국의 소비자가 삼성이나 LG TV를 해외의 온라인 쇼핑몰에서 산다는 것이다. 그렇게 사오는 TV는 부산항–롱비치항(로스앤젤레스)이나 인천항–옌타이항 바닷길을 두 번 건너야 한다.

   최근에는 미국에서 한국까지 책상은 9만 원, 소파는 30만 원 정도에 배송해주는 서비스를 제공하는 해운회사가 있다. 서울에서 판교까지 용달차 한 대 부르는 값과 큰 차이가 없다. 심지어 중국의 온라인 쇼핑몰에서는 한국까지 배송비가 대부분 무료인 경우가 많다.

물류의 역사를 다시 쓰는 순간

해상운송 비용이 이처럼 저렴해진 이유는 길이 12미터짜리 컨테이너의 덕이 크다. 물건을 운송하는 가장 싼 방법은 해상운송이다. 배를 이용하면 한 번에 많은 짐을 실을 수 있고 교통체증 문제도 없다.

그런데 20세기 중반까지만 해도 배에 물건을 싣고 내리는 일은 어려웠다. 당시에는 건장한 항구 노동자들이 배 위에서 다양한 짐을 싣고 내렸다. 시간도 오래 걸리고 비용도 많이 들었다. 그 당시 짐을 실은 배가 대서양을 항해하는 데 12일이 걸렸다면, 부두에서 화물을 옮기는 작업은 7일이 소요됐다.

1956년 4월, 미국의 운송회사 사장인 맬컴 매클레인(Malcolm P. McLean)은 화물 선적을 간단하고 빠르게 할 수 있는 방법이 없을까 고민하다가 서로 다르게 생긴 짐을 규격화된 박스에 담아 컨테이너로 실어 나를 수 있게 유조선을 개조해 첫 운항에 나선다. 이것이 바로 세계의 첫 컨테이너선인 '아이디얼 엑스(Ideal X)'다.

세계 첫 컨테이너선 Ideal X호

　이 화물선은 갑판 위에 길이가 9미터인 컨테이너 58개를 싣고 뉴
저지에서 텍사스로 대서양을 건넜다. 선적과 하역 시간이 대폭 줄
어 해상운송 비용을 획기적으로 절감했지만, 이 때문에 많은 항구
노동자들이 크레인에 일자리를 빼앗기는 시작점이 되기도 했다.

　멀리서 배가 보이자 부두에 모여든 하역 노동자들은 뒷짐만 질
수밖에 없었다. 자신들이 옮겨야 할 짐을 크레인이 컨테이너를 통
해 내려서 대기 중이던 트럭에 바로 실어 배송지로 향했기 때문에
할 일이 없었기 때문이다.

　선적과 하역이 간단해지자 배가 부두에 머무르는 시간도 아주
짧아졌다. 맬컴 매클레인의 계산에 따르면 컨테이너로 옮긴 화물
의 하역 비용은 1톤에 0.16달러(15.8센트)였는데, 당시 같은 양의 화
물 하역 비용은 1톤에 5.83달러였다. 컨테이너가 무려 37분의 1 가
격으로 비용을 줄인 것이다. 물류의 역사를 다시 쓰는 순간이었다.

　사실 말콤 매클레인이 컨테이너를 발명한 것은 아니다. 컨테이

너 자체는 1800년대부터 있었다. 다만 그 크기가 모두 달랐다. 그가 해낸 것은 컨테이너 표준화다.

> "선박을 움직이는 게 아니라 화물을 움직이는 것이다. 고객은 누가 가장 멋진 배를 가졌는지, 누가 가장 넓은 철도망을 가졌는지는 관심이 없다."

이와 같이 맬컴 매클레인은 자신의 비즈니스를 이해했다. 당시 그의 생각은 정말 혁명적이었다. 해운사, 철도회사, 트럭 운송회사는 모두 자신들의 이권을 보호하고 산업 전통을 지키는 데만 관심을 쏟았다. 하지만 고객은 A 지점에서 B 지점까지 물건을 안전하게, 제시간에 옮기는 데만 관심이 있을 뿐이다.

맬컴 매클레인은 경쟁자와 다른 시각에서 사업을 바라봤다. 고객의 입장에서 실제로 필요한 방식의 혁신이 무엇인지 생각한 것이다. 그가 특허를 포기하고 컨테이너의 표준화와 보급에 주력한 이유다.

현재 전 세계에서 약 2,000만 개의 컨테이너가 물건의 운송과 보관에 쓰이고 있다. 석유와 가스, 광물, 곡식류 등 원자재를 제외한 사실상 거의 모든 화물(90%)이 컨테이너에 담긴 채 바닷길을 따라, 철도와 도로를 따라 운송된다. 공급망의 각 단계에서 운송비가 10%씩만 절감돼도 이 효과는 엄청나다. 사소한 개선이 기업과 국가의 운명을 바꿔놓거나 세계화라는 글로벌 현상을 가져온 것이다. 2007년 《포브스》가 꼽은 '20세기 후반 세계를 바꾼 인물 15인' 중 한 명으로 맬컴 매클레인이 선정된 것도 놀라운 일은 아니다.

혁신은 또 위기를 딛고, 플렉스포트

디지털 기술로 중무장한 물류 플랫폼인 플렉스포트(Flexport)는 자체 선박이나 트럭 한 대 없이 컨테이너를 전 세계로 실어 나른다. 이 회사의 매출은 2019년 기준 5억 달러(약 6000억 원)다. 물동량으로 보면 세계 해상운송 10위 규모로, 창업 6년 만에 달성한 기록이다. 기업 가치는 33억 달러(4조 원)에 이른다. 전 세계에 열한 곳의 사무실과 네 곳의 물류창고를 두고 있으며, 1,066명의 직원을 고용하고 있다. 본사는 샌프란시스코에 있다.

2010년 어느 날 미국 CNN 방송에서는 한 블로거가 아이폰4 출시 날짜를 정확히 예측했다는 보도를 내보냈다. 이 블로거는 애플의 각종 자료를 수집, 분석하다가 해외 공장에서 미국 항만으로 다량의 아이폰 부품이 들어오고, 그 양이 계속 증가하고 있다는 것을 파악했다. 이 정보를 토대로 애플의 수입 동향 데이터와 신형 아이폰 출시를 예측하는 글을 올렸는데, 그대로 적중했다는 것이다. 이 블로거가 바로 플렉스포트의 창업자 라이언 피터슨(Ryan Petersen)이다.

시랜드 CEO 맬컴 매클레인과 플렉스포트 CEO 라이언 피터슨

데이터 분석가인 라이언 피터슨은 2007년 수출입 무역 정보 플랫폼 임포트 지니어스(Import Genius)를 창업한 경험이 있다. 이 회사는 미국 관세청의 선하증권(Bill of Lading, BL) 정보와 BL에 기재되는 회사명, 주소, 제품, 수량, 도착일, 항구 등 다수 정보를 데이터베이스화해 전 세계 기업을 대상으로 정보를 검색 형태로 판매했다. 피터슨이 '화물 정보가 돈이 된다'라는 사실을 알게 된 건 이때부터다.

2013년 설립된 플렉스포트는 세계적 경제 불황으로 몰아닥친 해운업 위기를 기회의 발판으로 삼았다. 소프트웨어를 기반으로 화주나 선사, 트럭회사에 화물 운송 정보를 연결해주는 중개 서비스에 주력했다. 웹사이트 기반의 애플리케이션을 통해 고객에게 선적 스케줄을 실시간으로 제공한다. 최근에는 자체 물류 네트워크를 구축한 전자상거래 업계의 공룡 기업 아마존과도 경쟁할 정도로 시장 영향력이 크고 성장세가 가파르다.

라이언 피터슨이 주요 목표로 삼은 해상운송은 글로벌 무역 시장의 화물 90% 이상을 담당한다. 컨테이너 등 화물 중개 시장은 산업적 가치가 수십조 달러에 이르는 거대 규모지만, 서비스 차별성이 낮아 업체 간 경쟁이 심했다.

더 큰 문제는 시장 규모와 비교해 현장은 전화나 이메일로 주문을 받고 팩스를 사용할 만큼 낙후되고 비효율적이었다는 점이다. 화주는 컨테이너에 화물을 선적하기까지 수십 건의 서류를 준비해야 하고, 운송 요금 견적에도 무려 일주일을 허비할 정도였다. 화주나 운송업체나 양쪽 모두 화물을 보내기 위한 의사결정이 빠르지 않았다.

통계에 따르면 중소기업의 물류비 가운데 30% 이상은 컨테이너를 배에 선적하기 전 단계에서 발생한다. 화물 영업 정보의 폐쇄성, 화물 정보의 비대칭성, 물류업체와 화주 간의 복잡한 중개 수수료 구조도 비용 상승의 주요인이다. 수출입 중소기업 입장에서 컨테이너 화물 운송 의뢰와 이 과정에서 발생하는 물류비는 악몽과도 같다. 라이언 피터슨은 이 대목에 집중했다.

그는 이런 불편함과 불합리성을 개선하고자 유통업체와 제조업체를 대상으로 온라인 화물 운송 예약 서비스를 제공했다. 온라인 예약 과정을 자동화해 전체 운송 소요 기간을 대폭 단축했다. 전자

통관 서류 작성, 실시간 육·해·공 화물 추적 서비스도 제공했다. 항공에서 해상, 트럭, 철도까지 화물 운송을 더 쉽고 빠르게 저렴한 비용으로 연결하는 게 비즈니스의 핵심이다. 전 세계 800여 개 기업이 이 서비스를 이용 중이다.

라이언 피터슨이 물류 시장에서 추구한 목표와 원칙은 업무 환경의 디지털화와 데이터 활용이다. 화물 운송 정보의 디지털화는 각종 데이터 축적과 분석·활용을 가능하게 했다. 이것이 글로벌 무역 시장에서 물류기업의 경쟁력을 가르는 요소라고 판단한 것이다.

플렉스포트가 '바다 위 우버(Uber)'로 불릴 만큼 정보통신 기술 (ICT) 기반의 소프트웨어 기업으로 평가받는 이유다. 구글, 블룸버그 등 수십 개의 기술 기업이 이 회사에 투자했고, 중국의 최대 택배회사 SF 익스프레스도 투자사로 참여했다.

과거 맬컴 매클레인이 이룬 컨테이너 표준화와 보급이 해운 물류 시장의 업무 효율화와 운송비 절감 등 혁신을 이끌었다면, 앞으로는 라이언 피터슨처럼 컨테이너 운송 과정과 의사결정에 필요한 디지털화를 구축해야 국제 물류 시장의 혁신을 견인할 수 있을 것이다.

컨테이너가 바다만 건너는 것이 아니라 랜선(인터넷) 위에서 화물 중개, 요율 비교, 선로 탐색 등의 다양한 서비스를 통해 움직이는 디지털 전환의 시대를 맞은 것이다.

해운 시장과 고객에 변화를 가져온 이커머스

컨테이너 정보의 디지털화, 즉 디지털 화물 중개 시장의 성장은 아마존, 알리바바로 대표되는 대형 이커머스 고객사의 등장과 궤를 같이한다. 이른바 국경 간 거래 크로스 보더 이커머스 사업자들이 글로벌 화물 운송 시장의 큰손이 되고 있다.

시장의 주요 고객 변화는 해운 시장 전반에 영향을 끼쳤다. 이커머스가 급격히 성장하면서 해운 시장의 주요 고객인 유통산업 구조가 근본적으로 변화한 것이다. 이커머스 기술 및 비즈니스 모델의 고도화는 과거 특정 국가 내 유통에 제한적으로 활용되던 이커머스를 국가 간 거래로 확대했다.

페이팔(Paypal)은 CBEC 시장을 '현대판 향신료 무역로'에 비교할 만큼 혁명적 변화로 보고 있다. 2021년 시장 규모만 3,000억 달러(355조 원)로 추정하고 있다. 실제로 중국은 CBEC가 국가 전체 수출의 20% 내외를 차지할 정도라고 한다. 이렇듯 이커머스 중심의 시장 변화는 고객의 온라인 구매 전환과 함께 판매업체가 국제 배송 서비스를 통해 거래하는 방식을 활성화했다.

각종 이커머스는 물류 업체에 더 빠른 비교 견적과 운송 계약을 요구하고 있다. 특히 CBEC 시장에서 온디맨드 서비스는 민첩한 서플라이체인 구축에 대한 기대감을 더 높였다. 이 때문에 운송업체는 고객에게 서플라이체인 단계마다 발생하는 운송 수단별 운임

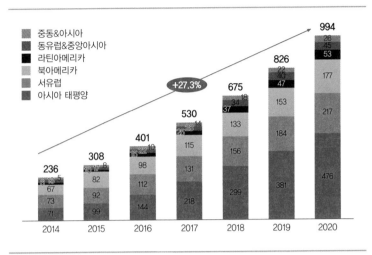

B2C CBEC 시장 성장

- 중동&아시아
- 동유럽&중앙아시아
- 라틴아메리카
- 북아메리카
- 서유럽
- 아시아 태평양

+27.3%

| 2014 | 2015 | 2016 | 2017 | 2018 | 2019 | 2020 |

236 / 308 / 401 / 530 / 675 / 826 / 994

단위: 10억 USD, 출처: 알리리서치

의 변동 속에서 비용을 최적화할 수 있는 솔루션을 제시해야 한다.

그러나 CBEC 시장에서 컨테이너 단위의 대규모 화물 중심의 수출입 프로세스는 한계에 봉착한 상황이다. CBEC의 화물 운송 특성은 개별 상품 단위의 소규모 특송 프로세스로 높은 물류 비용과 통관이 복잡해지면서 납기가 길어지는 문제가 발생하고 있기 때문이다.

또 온라인에 최적화된 고객의 주문 이행을 위해 운송업체의 업무 서비스 환경도 디지털화되어야 했다. 물류기업들이 익스피디아(Expedia)나 부킹닷컴(Booking.com)처럼 온라인 견적이나 예약 서비스를 제공하지 않으면 안 되는 상황에 봉착한 것이다.

더 중요한 변화의 관점은 밀레니얼 세대가 노동력으로 진입하고 있다는 점이다. 모바일 등 네트워크 연결로 일을 더 편안하게 처리하고 싶은 관련 시장의 노동력 변화는 물류 시장의 디지털화를 더 빠르게 재촉하고 있다.

'컨테이너의 아버지' 맬컴 매클레인과 '바다 위 우버'라 불리는 플렉스포트의 라이언 피터슨은 물류 혁신에 대한 좋은 교훈을 준다. 기술 혁신 그 자체는 별로 흥미롭지 않은 경우가 많다. 기술은 거들 뿐이고, 중요한 것은 고객에게 실제로 유용한 혁신의 요소를 발견하는 것이다.

라이언 피터슨은 화물의 현 위치에 기반해 운송 비용을 어떻게 최소화할지, 어떤 경로를 채택해야 할지 등에 관련된 정보를 자체 개발한 소프트웨어를 통해 제공한다. 이를 통해 고객은 각자 최적의 의사결정을 내릴 수 있는 것이다. 온라인 기반으로 선적의 가시성을 높였다는 점에서 피터슨은 아날로그 방식의 운송 계약 구조를 디지털화했다는 평가를 받는다.

혁신이 꼭 보기에 멋있어야 하는 것은 아니다. 맬컴 매클레인처럼 컨테이너 사용과 같이 사소해 보이는 개선이 기업과 국가의 운명을 바꿔놓거나 세계화라는 글로벌 현상을 가져올 수 있다. 라이언 피터슨은 디지털 전환이라는 시대적 변화에 맞춰 고객의 '디지털 체험(Digital Experience)'이라는 간편함을 무기로 물류비용의 투명성과 계약, 이해관계 구조를 개선하고 있다.

맬컴 매클레인은 최초로 컨테이너를 발명한 사람이 아니다. 라이언 피터슨 역시 인터넷을 발명한 사람이 아니다. 그런데도 이 두 사람은 세계를 바꾸어놓는 혁신을 이끌었고, 또 차세대를 이끌 인물로 평가받는다.

1956년 맬컴 매클레인과 2013년 라이언 피터슨에게 디지털 물류 혁신의 방법에 대해 묻는다면 "우리의 문제는 현장에 답이 있다"라고 우문현답을 내놓지 않을까. 고객에게 실제로 필요한 방식이 무엇인지를 깨닫고, 이를 제시할 수 있어야 한다.

컨테이너는 어떻게 세계를
바꾸었는가

컨테이너가 어떻게 세상을 바꿨는지 상세히 기록한 책이 있다. 미국의 경제사학자 마크 레빈슨(Marc Levinson)이 2006년에 쓴 『더 박스: 컨테이너는 어떻게 세계 경제를 바꾸었는가(The BOX: How the Shipping Container Made the World Smaller and the World Economy Bigger)』다.

컨테이너 보급에 속도가 붙은 것이 1960년대 베트남전쟁 때부터라고 한다. 그리고 1970년대에 들어 국제 표준화가 되면서 급속도로 컨테이너가 전 세계에 일반화되기 시작했다. 2021년 현재 '국제 표준 컨테이너' 크기는 6미터(20피트)와 12미터(40피트)로 전 세계의 90%를 차지한다.

마크 레빈슨은 컨테이너가 일반화되지 않았다면 '세계화'는 물론이고 '공급망(Supply Chain)'과 같은 단어도 존재하지 않았을 것이라고 말한다. 노트북 한 대에 미국에서 만든 CPU, 일본에서 만든 하드디스크, 한국에서 만든 메모리칩, 타이완에서 만든 케이스가 들어갈 수 있었던 것은 각 부품을 중국에 있는 공장으로 운송하는 데 돈이 많이 들지 않기 때문이다.

국제화물 보내다 화병 나는 이유

여객처럼 화물도 온라인 견적과 예약이 쉽다면

전 세계 국제 물류 시장은 약 9조 달러(1,521조 원) 규모다. 그러나 시장 규모만 보고 신규 비즈니스를 시작했다가 쓰디쓴 고배를 마시거나 낭패를 본 기업이 수두룩하다. 국제 물류 시장을 둘러싼 열악한 환경 때문인데, 그 원인은 아이러니하게도 '국제'와 '물류'라는 단어에서 찾을 수 있다.

물류시장의 비효율적 상황

복잡한 국제 물류 과정을 고려할 때 화주가 국가별로 필요한 법규를 전부 이해하고 운송의 모든 관계자와 직접 계약을 체결하기란 불가능한 일이다. 이 때문에 큰 화물을 정기적으로 운송하는 대형 화주는 매년 또는 분기마다 입찰(Bidding) 과정을 통해 운송업무를 대행해줄 업체를 선정해 계약을 체결한다. 물류 대행업체의 규모와 서비스 범위가 넓을수록 화주의 선호도가 높아질 수밖에 없는 구조다.

반면에 물량이 산발적으로 발생하거나 수출입 규모가 작은 화주는 조금 더 어려운 과정을 거쳐 국제 물류 서비스를 이용한다. 화물을 보낼 때 건마다 견적(Quotation)을 받아 진행해야 하는 것이다. 이 경우 견적을 요청하고 회신을 받는 과정에서 장시간이 소요되는 것은 물론이고, 물류 업체의 고객 서비스 수준도 미흡한 상황이다. 그뿐 아니라 계약 후 화물을 보내기 위해 송장(Invoice)과 패킹리스트(Packing List) 등 필요한 서류를 일일이 작성해 팩스나 이메일로 전송하고 이와 관련된 전화를 수십 통씩 걸어야 하는 상황이 발생한다.

어렵게 화물을 보낸 이후에도 어려움은 계속된다. 요청한 화물이 현재 어디에 있는지, 언제쯤 배송지에 도착할 수 있는지를 확인하기 위해서는 일일이 물류 대행업체에 문의해야 한다. 물류 대

다단계 구조로 화주는 높은 운임비 부담하고
운송업체는 낮은 운임을 수취하는 구조적 문제가 있음

자료: EY한영

행업체 역시 직접 운송하지 않고 중개를 주로 하다 보니 그 화물의 상세한 위치나 상태를 알려면 해당 화물의 운송을 주관하는 업체에 또다시 연락해 문의할 수밖에 없다. 그러다 보니 받을 수 있는 정보의 수준은 출발 예정 정보나 도착 예정 정보 정도다. 실시간으로 화물의 위치나 상태를 추적하기 힘든 이유다.

대한민국 수출입 전 과정에 들어가는 연간 물류비는 약 100조 원 규모로 추정된다. 이 중 해상운송과 관련된 비용이 약 30조 원에 이른다. 주목할 점은 이 가운데 물류비의 30% 정도는 컨테이너를 배에 싣기 전, 즉 실제 운송이 개시되기 전에 발생한다는 것이다. 국내는 물론 전 세계 국제 물류 시장에서도 이런 비효율적 상황은 마찬가지로 발생하고 있다.

디지털 생태계 구축이 먼저

국제 물류 비즈니스 과정에서 발생하는 문제점을 디지털 전환 (Digital Transformation) 기술로 해결하고자 창립한 국내 물류 IT스타트업이 있다. 바로 밸류링크유다. 앞서 설명한 국제 물류 과정상 발생할 수 있는 문제를 디지털을 활용해 끊어짐 없이 연결함으로써 효율성을 제공하는 것을 1차 목표로 한다.

이 회사는 해상, 항공, 철도, 컨테이너트럭 운송 등 화물 운송과 관련된 트레이딩 서비스를 제공하고, 웹상에서 예약할 수 있도록 하는 것이 기본 서비스다. 여기에 통관과 수출입 신고, EDI(Electronic Data Interchange, 전자 데이터 교환) 서비스는 물론 실시간 화물 운송 추적, 자동 실적 리포트 등과 관련된 정보도 고객(화주)에게 제공한다.

최근에는 CBT(Cross Border Trade)와 풀필먼트 등 글로벌 이커머스 비즈니스에 필요한 B2C 물류 대행 서비스 분야에도 진출했다. 밸류링크유가 국제 물류 통합 플랫폼이라는 설명 앞에 '올인원'이라는 수식어가 붙는 것은 바로 이 때문이다.

물론 해외의 플렉스포트나 프레이토스(Freigtos)처럼 화물 운송 중개나 비교 견적 같은 디지털 포워더의 기능만을 놓고 보면 밸류링크유의 서비스 모델은 유사하다. 하지만 플렉스포트나 프레이토스가 데이터 이용 시 별도의 비용을 청구하는 것과 달리 밸류링크유는 서비스의 대부분을 고객에게 거래 비용 '제로(0)'로 제공한다.

글로벌 플랫폼 서비스 기업이 고객 확보를 위해 무료 공유 서비스를 제공한 사례는 많지만, 플렉스포트나 프레이토스 등 대부분의 해운 물류 플랫폼은 거래 기반에 필요한 디지털 기술을 접목해 주 수익원으로 활용한다는 점에서 밸류링크유의 서비스 모델과는 확연한 차이를 보인다. 수익화 전환 이전에 국제 물류 시장의 디지털 생태계 구축이 먼저이며, 문화의 혁신을 선행하고 비즈니스의 혁신을 만들어가야 한다는 공유 경제와 공유 가치가 바로 이 부분이다.

물류판 슈퍼플루이드 전략

그렇다면 밸류링크유는 무엇을 수익원으로 할까? 그 해답은 슈퍼플루이드(Superfluid, 초디지털) 전략 기반의 플랫폼 서비스에 있다.

통계에 따르면 OECD 국가의 경우 제품가의 8~10%가 물류비다. 남미 등의 국가에서는 대략 15~20%가 물류비로 지출된다. 슈퍼플루이드 경제 관점에서 화물 운송 등의 물류는 더 낮은 원가에 빠르고 정확한 서비스를 요구한다.

이미 선도적인 기업은 물류 분야의 디지털 혁신을 두 가지 방향으로 추진하고 있다. 그 첫 번째가 물류에 필요한 물리적 작업을 로봇이나 자율주행 머신 등으로 무인화하여 내부 운영 효율성을 개선해 경쟁력을 높이는 것이고, 두 번째는 국제 물류 업무의 디지털 전환과 초연결을 통해 물류의 신뢰성을 높이고 신규 비즈니스를 확대해나가는 것이다. 밸류링크유의 핵심 도전과 혁신 과제는 후자에 가깝다.

우리가 일상생활에서 소비하는 수입 품목의 약 90%는 컨테이너를 통해 운반된다. 대부분의 사람은 이 물건들이 어떤 과정을 거쳐 우리에게 도착하는지 잘 모른다. 사실 궁금하지 않을 수 있다. 알파고가 이세돌을 바둑으로 이기는 시대를 경험한 우리이기에 막연히 이 모든 과정이 첨단 기술로 이루어질 것으로 추측할 뿐이다.

하지만 놀랍게도 오늘날 국제 물류 시장은 대부분 비효율적 구조다. 이에 대해 밸류링크유의 남영수 대표는 "일반 기업은 디지털 전환 기술을 내부 운영 효율성 개선을 목적으로 도입하지만, 우리는 고객(화주)과 공유하고 이를 통해 비용 제로화를 이루기 위해 디지털 전환 기술을 적용한다"라며 "블록체인과 핀테크를 물류에 접목해 '공급망 금융(Supply Chain Finance)' 모델을 만들어나가는 슈퍼플루이드 전략을 추진하고 있다"라고 했다.

디지털 기술 공유로 만드는 선순환

밸류링크유가 디지털 전환 기술을 고객(화주)과 공유하는 방법은 크게 두 가지로 나뉜다. 하나는 물류 서비스 공급자와 이용자가 직접 자율 거래를 할 수 있도록 툴을 제공하는 것이고, 다른 하나는 실시간 운송 현황을 모니터링할 수 있도록 하는 것이다. 여기에 국제 물류 실무에 도움이 될 모든 지식 정보를 온라인으로 제공해 정보의 차별성을 없애겠다는 것은 보너스 전략이다.

밸류링크유는 클라우드 기반의 웹과 모바일 버전으로 서비스를 제공한다. AIS(Auto Identification System, 위성통신 시스템)와 IoT를 이용한 실시간 화물 위치 추적 정보는 물론이고 운영 실적은 빅데이터 분석 시스템을 통해 고객사와 공유한다.

모든 거래는 자율 거래를 기본으로 하는 게 원칙이다. RPA(Robotic Process Automation, 로봇 프로세스 자동화) 기능을 활용해 물류비, 운송 시간, 선적일, 도착일 등의 기준으로 고객이 최적의 선택을 할 수 있도록 지원한다.

거래 데이터가 축적된 이후에는 AI(인공지능) 기술을 적용해 고객에게 최적화된 자동 운송 오더 서비스를 발전시킬 계획이라는 게 회사 측의 설명이다. 남영수 대표는 "블록체인 기술이 활성화될 경우 물류 비용 혁신은 완전히 새로운 전기를 맞게 된다"라며 "밸류링크유는 글로벌 공급망에 블록체인 연결이 완료되는 시점에 현재의 EDI 서비스를 빠르게 블록체인으로 전환할 계획"이라고 말했다.

밸류링크유의 국제 물류 플랫폼 서비스는 운행 스케줄 검색과 웹 예약, 운임 비교 견적, 컨테이너 트럭 배차 신청을 웹과 모바일 기반으로 제공하는 쉬핑-온, 부킹-온, 로지-온, 트럭-온 등으로 구성된다.

1960년대 이후 표준화된 컨테이너의 보급이 국제 물류 시장에 획기적인 비용 절감 효과를 가져왔던 것과 같이 디지털 기반의 미래 물류는 그 효율성을 극대화하고 물류 서비스 영역을 넘어서는 탈물류 형태로 진화할 것으로 보인다. 특히 컨테이너 도입 이후 60년이 지난 2020년 시점에서 세계는 비포 코로나(Before Corona)와 애프터 코로나(After Corona)로 구분되고 있다. 코로나19 이후 국제 물류 시장도 디지털 전환과 비대면(언택트) 근무 환경 변화로 급물살을 탈 것으로 예측된다. 전 세계 인류의 삶을 바꿔놓았던 컨테이너 혁명이 바다 위가 아닌 랜선 위에서 또 한 번의 혁신 과제에 직면했다.

밸류링크유는 '혜택 → 공유 → 협업 → 연결 → 기술 → 혜택'의 순환 과정을 통해 국제 물류 글로벌 경쟁력을 높이고 생태계 내 상생 솔루션을 제공하는 차별화 전략을 내세우고 있다. 디지털 국제 물류 시대에 디지털 항해를 준비하는 밸류링크유의 도전이 기대되는 이유다.

공급망 금융

밸류링크유는 랜선 중심으로 업무가 수행되고 연결되는 국제 물류를 지향하며, 국제 물류와 금융을 연결하는 공급망 금융의 실현을 목표로 고객사에 최적화된 디지털 플랫폼 서비스 제공에 주력한다. 국제 물류 시장에서 초디지털 생태계가 만들어지면 연결 기반 위에 물류 금융 상품이 얹힐 가능성이 높다.

많은 단계를 거치는 국제 물류 시장에서는 운송, 포장, 보관, 통관 등 각 단계가 완료된 후 다음 단계로 자동으로 실행하게 하려면 효율적인 대금 결제 시스템이 필요하다. 그런데 대금 결제는 은행 화폐 체계를 통해야 하므로 기대한 것만큼 빠르게 진행되지 않는다. 이로 인해 물류 시스템의 속도가 느려지고 각종 리스크에 노출될 수밖에 없는 것이다.

PART 3

일상의 변화 속에서
비즈니스 기회를 보다

economics

:

택배차량으로만 배송해야 할까?

택시의 이중생활이 합법화된다면

이제는 택시 이외에는 볼 수 없는 서비스이지만 한때 '타다'는 차량 공유를 통한 화물운송시장을 넘봤던 적이 있다. 물론 타다는 여객운송이 아닌 화물운송시장 진출을 공식화했다는 사실을 밝히지도 않았고, 이를 확인할 방법도 없었다. 그러나 타다 차량에 많은 짐을 싣고 있는 게 목격되었다. 타다 고객 중 일부가 소형화물 운송을 목적으로 이용한 것이다.

다마스 등 1.5톤 미만의 화물차량이나 콜밴 등 개인용달에 태우기에는 화물의 양이 적고 택시에 실기에는 그 양이 많을 경우 타다가 대안이 된다는 게 고객들의 반응이다. 빠른 배차 등 이용 편의

성은 물론 운송요금 측면에서도 타다가 용달과 택시 중간에 놓여 있어 경쟁력이 있어 보였다.

5년 전 FedEx에 도전장을 내민 우버처럼

문득 '우버가 FedEx의 가장 큰 경쟁자가 될 것입니다'란 제목의 《뉴스페퍼민트》칼럼이 떠올랐다. 경제주간지인 《이코노미스트》 기사(Uber Driving Hard, 2015)를 기반으로 작성됐는데, 골자는 우버가 2015년 당시 음식 배달 서비스인 우버이츠(Uber Eats)가 서비스 지역을 확대하여 우버앱을 통해 택배나 생활용품 배달 주문이 가능해지면서 FedEx와 같은 전통적인 물류기업과 경쟁하는 시대를 알렸다는 것이다.

이에 대해 FedEx의 CEO 프레데릭 스미스(Frederick W. Smith)는 우버에 대해 "물류산업이 복잡하고 진입 장벽이 높아서 우버가 FedEx의 경쟁자가 될 수 없다"라고 시장의 관측을 일축한 바 있다.

주목할 점은 우버의 가장 큰 장점이 배송차량에 대한 유지보수 비용을 기업이 부담하는 것이 아니라 우버 서비스를 제공하는 운전자들이 부담한다는 관점이다. 게다가 운송업체들은 최적의 운송경로를 찾기 위한 라우팅(Routing) 등 알고리즘 개발에 엄청난 비용을 투자하지만 우버는 이용자들의 데이터만 모아도 쉽게 최적의 알고리즘을 찾아낼 수 있다는 것은 꽤나 설득력이 있었다.

2013년, 우버가 자신들의 구호를 '모두의 개인 전용 운전사(Everyone's private driver)'에서 '당신의 생활과 물류의 만남(Where lifestyle meets logistics)'으로 바꿨던 것도 생각났다. 2016년 CLO 편집장이던 시절, 나는 함께 근무했던 후배 엄지용 기자(현 바이라인네트워크 소속)에게 카카오 택시를 호출해서 화물운송 의뢰를 해보고 관련 내용을 기사화하라고 한 적이 있다. 당시 승차 공유 등 모빌리티 시장에서도 공유경제 관점의 비즈니스 모델이 경쟁적으로 출현하던 시절이라 택시, 버스, 지하철 등 대중교통을 활용한 물류 서비스가 상용화될 가능성을 점쳐보고 싶었다. 물론 이는 현행법상(화물자동차운수사업법, 여객운수사업법) 불법이다. 사람의 이동(탈 것)과 화물의 운송 수단은 엄격히 분리돼 있다.

실험 결과, 소형화물 운송수단으로써 택시는 꽤 매력적이었다. 먼저 사용자 입장에서는 앱을 통한 차량 호출 등 예약이 쉽고, 가격 등 요금 시비가 없으며, 화물 추적 등 가시성 확보뿐 아니라 배송자(택시 기사) 정보 파악이 용이했다. 무엇보다 택시를 통한 화물운송의 가장 큰 장점은 경쟁 서비스인 퀵에 비해 상대적으로 즉시 배차(배송)가 가능했고, 서울을 벗어난 분당, 일산 등 수도권 배송으로 이어질 경우에 퀵보다 가격이 저렴했다. 다만 퀵 서비스를 제공하는 회사마다 가격 등 서비스 정책이 다르기 때문에 가격 비교 우위는 지역에 따라 다를 수 있다.

이외에도 택시를 활용한 화물운송은 앞서 말한 시장에서 갖는 서비스 경쟁력 이외에도 사회적 측면에서도 추가적인 운송 인프라 확장에 따른 비용이 발생하지 않고 매연 저감 등 환경 문제에도 이점이 많아 보였다.

택시의 이중생활은 새삼스런 일이 아니다

사실 택시를 이용한 퀵 서비스, 백화점 특송, 꽃배달 등의 행위는 암암리에 있었다. 택시의 이중생활이 현행법상 불법임에도 실험을 통해 얻고자 했던 것은 간단하다. 당시 쿠팡을 중심으로 한 이커머스의 폭풍 성장에 힘입어 택배물량이 해마다 증가하고 있었는데, 화물을 실어 나를 택배업계는 택배차량 증차에 발목이 잡혀 물량소화가 원활하지 못해 그 대안을 모색해보고자 했던 것이다.

최근 국내에는 '딜리버리티'라는 물류 스타트업이 관련 분야에 도전하고 있다. 배달난과 택시 기사 수입 감소 문제를 해결할 방안으로 음식배송 서비스에 택시를 활용하겠다는 것이다.

정부도 업계의 이런 고충을 모를 리 없었다. 그런데 정부가 화물차 증차를 선뜻 허가하지 못한 이유가 있다. 최근 개인택시와 카풀업체 간의 갈등 요인이 되고 있는 면허 재산권 논란처럼 국내 화물운송 시장의 이해관계자들 사이에도 영업용 번호판을 놓고 첨예한 대립이 존재한다. 이 논쟁은 매년 화물연대 파업 때마다 단골 주제이고, 현재는 수면 아래 있는 것처럼 잠잠해 보이지만 카카오나 티맵(SK) 같은 모빌리티 업체들이 화물운송 시장 진출을 공식화하는 순간 매머드급 폭탄이 된다. 돈이 되는 물류를 목전에 두고 국내 모빌리티 업계가 쉽게 넘보지 못하고 속병을 앓는 것도 이 때문이다.

화물과 여객은 만날 수 있을까

배달 서비스는 이커머스의 매출을 좌우하는 주요한 요소로 꼽힌다. 쿠팡의 로켓배송이나 마켓컬리의 새벽배송을 굳이 예로 들지 않겠다. 이들 이커머스의 실제 물류운영 방식의 효율성과 문제점에 대해서는 현장 전문가들 사이에서 갑론을박이 있다.

콜드체인(Cold Chain)과 새벽배송이란 두 용어가 겹치는 지점에서 신선식품 이커머스에 있어 물류는 소비자를 끌어들이는 유인력이 된다. 스마트폰 개통, 고장 수리, 부품 교체, 중고폰 거래 등 CS 관점에서 빠른배송 마케팅은 통신사들 사이에서 고객유치 채널과 기존 고비용 구조의 오프라인 매장을 대체할 서비스로 주목받고 있다.

2016년 《테크크런치(Techcrunch)》에 소개된 「Why Your Next Package Will Be Delivered By An Uber, 2016」에서 앞서 언급한 우버가 플랫폼과 네트워크 효과를 통해 비교 우위를 갖게 된 택시

서비스 이외에도 경쟁력을 발휘할 수 있는 분야로 FedEx, UPS, DHL 등 택배사들이 제공하는 배송 서비스를 지목한 바 있다.

국내 시장에 시사하는 바가 없을까? CJ대한통운, 롯데, 한진 등 택배사는 택배 기사가 하루에 한 번씩 동네를 돌며 물건을 배달한다. 센터에서 하루에 배송할 모든 물량을 갖고 나가는 구조이다 보니 같은 동네에 두세 번씩 배송에 나서지 못한다. 현재로선 이 방법이 일반적인 택배 프로세스의 현주소다.

CJ대한통운 택배는 익일배송이라는 정형화된 시간에 운영되지만 반면 티맵택시나 카카오는 지금 당장 배송기사를 배치할 수도 있다. 물론 일반 택배요금보다 모빌리티 업계가 제공하는 운송 서비스 가격은 훨씬 비싸게 형성될 가능성이 높아 시장이 허락하는 적정 운송요금 등 조건을 갖춰야 한다.

온라인 구매가 일상이 된 시대에, 이커머스 사업자에게 카카오 등 모빌리티 사업자는 CJ대한통운이나 롯데, 한진택배보다 훨씬 매력적일 수 있다. 물론 여객과 화물이 엄격하게 분리돼 있는 국내 현행법은 넘어서야 할 장애물이다. 그러나 물류산업은 전 세계 GDP의 12%를 차지하는 어마어마한 산업 분야라는 점을 다시 한번 상기하자. 우버, 그랩은 물론 카카오, 티맵, 포티투닷(구 코드42) 등 IT기업들이 물류시장으로 시선을 넓히는 이유다.

네카쿠배 경제학 PLUS

우버가 만들어낸
선순환 구조

제네피츠(Zenefits) COO인 데이비드 삭스(David Sacks)는 페이팔 창업
자 피터 틸(Peter Thiel)의 친구이자 사업동료다. 데이비드 삭스는 2014
년 자신의 트위터에 '우버가 만들어낸 선순환 구조'를 스케치해 올렸다.

신속성, 편리함이 고객 만족도를 가르는 중요한 기준이 되고, 이는
고객 만족도와 수요가 점점 높아지면서 네트워크 효과의 핵심으로 분
석했다.

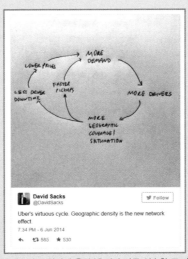

데이비드 삭스가 트위터에 올린 '우버가 만든 선순환 구조' 스케치

∴

주유소의 미래는 물류에 있다
우리 동네 주유소를 복합생활공간으로

주유소가 변화를 거듭하고 있다. 기름 냄새를 걷어낸 주유소에는 세탁소, 자전거대여점, 개인창고, 택배취급점까지 다양한 생활편의형 서비스로 채워지고 있다. 맥도날드, 버거킹, 스타벅스의 드라이브 스루 매장이나 편의점, 세차장, 자동차 정비업체의 등장은 이미 고전 같은 모델이 된 지 오래다.

얼마 전부터 쿠팡, 네이버 등 온라인 사업자들 사이에서는 주유소를 두고 마이크로 풀필먼트센터로의 활용 가능성을 타진 중이다. 주유소는 안전 등의 이유로 소방법에 따라 엄격한 규제를 적용받는 대상이지만 규제 완화 움직임 속에서 다목적 이용공간으로서의 활용을 기대하고 있다.

내연차의 종말, 변화의 시작
·····························

주유소 변화의 시작은 2010년대로 거슬러 올라간다. 과거 서울 홍대입구역 인근 랜드마크였던 청기와주유소 자리에는 2018년부터 롯데 L7호텔이 들어섰다. 청기와주유소는 SK에너지의 전신인 유공이 1969년 국내 최초로 세운 현대식 주유소(면적 2302.1㎡)로 2010년 초반까지 이 지역 만남의 장소로 통했다.

2013년 영등포구 양평동에 있는 SK양평주유소는 지하 1층 지상 5층짜리에 패스트푸드점과 패션 브랜드가 입점한 국내 최초의 멀티 브랜드 복합주유소로 이름을 올렸다.

얼마 전 서울 강남구 개포동 아파트 재건축 현장 건너편에 폐업한 주유소는 철제 가림막을 벗고 병원이 들어설 예정이다. 천호동에는 주유소 부지에 역세권 청년임대주택을 만들 것이란 소식도 있다.

이제껏 주유소의 변화는 주유소 부지의 용도 변경(리모델링)이라 바꿔 말할 수 있다. 이렇게 주유소가 바뀌는 것은 시장포화, 경영악화, 대체 에너지 등장과 깊은 연관성이 있다. 더욱이 코로나19로 직격탄을 맞은 주유소 업계는 구조조정 바람이 더 커졌다.

"SK, GS, 현대, 에쓰오일 4대 정유사 브랜드 주유소 개수는 2019년 1만 140개에서 2020년 9,992개로 줄었다. 2010년 기준 전국 1만 3,004개였던 것이 10년 만에 1만 개로 밑돌았다. 전문가들은 적정 주유소를 8,000개 정도로 내다봤다. 코로나19 여파로 차량 운행이 줄면서 국내 휘발유와 경유 소비량(389억 리터)은 이전보다 3.7% 감소했다. 친환경 차 확대 추세도 주유소의 경영난을 가중하는 요인이다. 2020년 국내에서 팔린 자동차 가운데 전기차·하이브리드·수소차의 비중은 11.8%로 전년보다 4% 가까이 상승했다."

– 조선일보, 「주유소 폐업 1년 새 2배로」, 2021년 2월 22일

전국 주유소 수

자료: 한국석유공사 한국주유소협회(단위: 개)

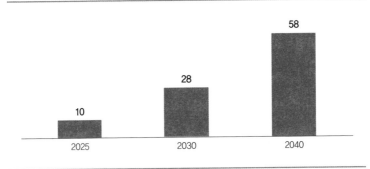

세계 전기차 점유율 전망

58
28
10
2025　2030　2040

자료: 블룸버그 뉴에너지파이낸스(단위: %)

가스 스테이션에서 멀티 스테이션으로

최근 주유소는 전기차나 수소차 충전시설을 보강하고 있다. GM, 볼보 등 자동차 양산업체들이 2035년까지 내연기관 차량의 생산 중단을 발표하면서 2040년까지 전 세계 대체에너지 차량의 보급률은 전체 58% 정도 예상된다.

실제로 2020년 국내에서 팔린 자동차 가운데 전기차·하이브리드·수소차의 비중은 11.8%로 전년보다 4% 가까이 상승했다. 자동차 시장의 대변혁은 내연기관 자동차와 연결된 리테일 비즈니스인 주유소 변화 요인의 꼭짓점이다.

도로 위 10대 중 9대 차량은 여전히 휘발유, 경유, LPG로 움직이기에 모든 주유소가 단숨에 탈바꿈할 수는 없다. 그래서 주유소가 기름이 아닌 서비스를 팔기 시작했다. 부족한 실적을 메꾸면서 미래를 대비하기 위한 고육지책이다. 주유소에 편의점, 패스트푸드점, 커피전문점, 세차장, 경정비, 택배취급점이 더 늘어나는 이유다.

이제 주유소는 가스 스테이션(Gas Station)이 아니라 '멀티 스테이션(Multi Station)'으로 불릴 만하다. 주유소의 복합생활공간 유형은 크게 네 가지로 나타나고 있다.

개인 창고

주유소의 남는 공간을 창고나 개인사물함 등으로 개조해 빌려주는 서비스다. 아파트 등 주거 형태의 소형화로 집에 수납공간이 부족하거나 철 지난 옷, 캠핑 등 레저용품을 보관해야 할 때 사용할 수 있다. 1인 가구나 맞벌이 부부 등 인구 변화가 시장의 기회 요인이 된다.

택배 취급점

고객의 물건을 픽업해 주유소에 가져다 놓으면 택배사가 이를 수거해 목적지까지 배달해주는 서비스다. 주로 개인이 택배를 보낼 때, 택배 기사가 집으로 개별 방문하지 않아도 돼 집하 효율성으로 높일 수 있다. 온라인 고객 입장에서는 제품을 빠르게 반품하거나 교환할 때 유용하다.

모빌리티 거점

전기자전거, 전동킥보드 등 마이크로 모빌리티 서비스 거점으로 활용이다. 이동수단, 즉 사람들이 여러 가지 탈 것에 대해 쉽게 접근할 수 있는 주유소의 특징을 살려 카 셰어링 등 다양한 모빌리티 서비스의 접점이 된다. '수거 → 정비 → 충전'으로 이어지는 모빌리티 서비스 전초기지가 되는 셈이다.

세차, 보험 등 차량관리

연간 2조 5,000억 원으로 추정되는 국내 출장세차나 손세차 공간으로도 주유소는 활용된다. 일반적인 터널형 세차와 달리 프리미엄 서비스를 제공해 차량관리에 시간과 비용을 아끼지 않는 고객들을 유치하는 게 목표다.

이외에도 주차, 정비, 보험 등 다양한 스타트업과 제휴로 정유사는 차량관리 통합 플랫폼 개발에도 관심이 많다. 스타벅스의 사이렌 오더처럼 주유 예약을 제공하는 것으로 차량 번호, 결제 수단을 등록해놓으면 리워드가 적립되고 이는 세차, 보험할인 등 차량관리 서비스로 제공되는 구조다.

유통업이 주유소를 만났을 때

보스턴컨설팅그룹(BCG)은 「주유소에 미래가 있는가?(Is There a Future for Service Stations?)」라는 보고서에서 새로운 이동 수단과 인공지능(AI), 로봇, 사물인터넷(IoT) 등 디지털 기술이 주유소 시대의 종말을 앞당기고 있다고 분석했다. 제품과 서비스, 네트워크, 비즈니스 모델을 2030년까지 모두 바꿔야 한다고 경고하고 있다. 그렇다면 주유소는 어떻게 사업을 통째로 바꿀 수 있을까?

온디맨드화 하는 국내외 유통시장의 진영 변화와 비대면 경제의 확산에서 그 기회를 엿볼 수 있다. 전통적인 유통업체들은 주유소를 비대면 픽업 센터로 눈여겨보고 있다. 유통업체들은 고객접점의 최전방기지로 주유소가 접근성이 좋은 데다 성장동력을 잃은 주유소로서는 새로운 가치사슬을 만드는 기회가 된다는 점에서 이해관계가 맞물린다.

예를 들어 미국의 커브사이드 픽업(Curbside Pickup)은 온라인으로 주문한 제품을 차에서 내리지 않고 지정 장소에서 전달받는 서비스다. 쉽게 말하면 소비자가 자동차에 탄 채로 마치 드라이브 스루 형태로 마트 쇼핑을 하는 것이다. 커브사이드 픽업은 고객의 차량 정보 및 차량 도착 정보를 매장 측이 핸드폰 앱을 통해 전달받고, 매장 직원이 고객이 주문한 제품을 차량 트렁크에 싣거나 또는 차량에 있는 고객에게 직접 전달한다.

미국의 식료품 리테일 기업인 타깃(Target)은 전국 1,500여 개 매장에 커브사이드 픽업 서비스를 도입했고, 스포츠용품 체인점 딕스 스포팅 굿즈(Dick's Sporting Goosds)는 800여 개 매장을 폐쇄하고 커브사이드 픽업 서비스로 대체했다. 이외에도 월마트와 베스트바이 등도 커브사이드 픽업 서비스를 도입 중이다.

아마존, 알리바바는 물론 쿠팡, 네이버 등 국내외 이커머스들은 도심형 주유소를 마이크로 풀필먼트센터와 마이크로 딜리버리 센터로 눈여겨보고 있다. 쿠팡은 2년 전부터 로켓배송 거점으로 현대오일뱅크와 실험 중이다. 네이버에게 주유소는 NFA(Naver Fulfillment Alliance) 중심으로 전략적 투자관계에 있는 풀필먼트 스타트업들과 다양한 공간에서 물류 기능을 전면에 내세울 복안이다.

아마존은 2019년부터 주유소 사업에 관심을 두고 있다. 이는 아마존의 무인 편의점 '아마존고(Amazon Go)'나 무인택배사서함 '아마존 락커(Amazon Locker)' 등 오프라인 매장 확대 전략과 맞물려 있다. 2021년까지 매장을 3,000여 개로 늘려나갈 계획인 아마존은 주유소 사업 자체만으로도 수익을 올릴 수 있는 데다 아마존프라임 회원의 고객 수도 늘릴 수 있다.

무엇보다 분명한 것은 아마존이 확보한 주유소를 통해 수천 개의 오프라인 배달 및 운송 거점을 손쉽게 마련할 수 있다는 점이다. 주유소를 아마존이 인수한 자율주행자동차 스타트업 기업 '죽스(Zoox)'를 통해 모빌리티 스테이션으로도 점칠 수 있다.

알리바바는 2015년 중국석유화학 주유소 중 5,000곳을 인수했다. 주유 결제를 알리페이와 연동하고, 각종 O2O 서비스의 오프라인 거점으로 연결 중이다.

홈픽 사례로 본 장밋빛 전망의 이면

주유소는 사람과 화물 이동의 중심이자 온라인과 오프라인을 잇는 매개체가 된다. 교통의 요지에 위치한 주유소는 차량 운전자만 가던 곳에서 생필품을 사고, 택배도 찾고, 각종 퍼스널 모빌리티를 대여하는 다목적 공간으로 재해석되고 있다. 주유소라는 이름은 바뀔 수 있을지언정 그 활용도는 더 높게 점쳐진다.

그렇다고 주유소의 미래에 장밋빛 전망만 있는 건 아니다. SK에너지가 야심 차게 선보였던 주유소 택배 서비스인 '홈픽(줌마)'은 올초 서비스를 접었다. SK가 지난해 인수한 이커머스 물류 플랫폼 굿스플로가 홈픽을 흡수하는 모양새지만 사실상 관련 사업에서 발을 뺀 셈이다.

홈픽은 SK에너지가 창립한 이래 처음 출자한 물류스타트업이었다. SK가 홈픽의 서비스를 차세대 상생모델로 내세울 만큼 전사적으로 홍보와 마케팅을 지원해 화제를 모았다. GS 허태수 회장이 SK 최태원 회장에게 전화를 걸어 GS칼텍스에서도 홈픽 서비스를

SK가 선보였던 주유소 택배서비스 '홈픽'

같이 활용하자는 제안을 했다는 후문이 있었을 정도다.

그랬던 홈픽이 B2B 택배사업의 실적악화와 적자누적에 발목이 잡혀 사업을 포기했다. 현재 굿스플로에 흡수된 홈픽은 개인택배 집하만 주력하고 있다.

GS칼텍스는 올해 CES 2021에서 '미래 주유소 변화'에 대한 청사진을 공개했다. 회사가 공개한 동영상을 요약하면 '주유소 거점 드론 배송'이다. 우선 드론과 로봇을 결합해 편의점 상품을 멀리 배송하는 것과 육지에서 먼 도서지역에 음식을 배달한다거나 바다 위에 있는 선박에 물건을 전달한다는 시나리오다.

이외에도 앞서 나열한 전기·수소차 충전, 카셰어링, 마이크로모빌리티 등 다양한 물류 거점으로 활용되고 향후 드론 격납·충전·정비, 드론 택시 승하차장 등 미래 모습이 담겼다. 물론 성공 여부를 섣불리 예단할 수 없다. 어디까지나 계획이 아닌가?

국내 정유사들이 내놓은 주유소의 미래는 현재로선 불투명하다. 그 이유는 국내 정유사들의 실적 압박과 조급함에서 기인한다. 또 주유소 자체 수익모델 부재, 공간 임대형 모델 한계, 서비스별 거점 분석 오류, 사용자 관점 공간설계 부족 등 애초에 가진 문제가 복잡하다. 몇몇 스타트업과의 업무제휴나 생활편의형 서비스를 무작정 늘리는 것으로 미래 주유소의 사업모델이 확 바뀌거나 수익성이 개선될 수는 없다.

과거 주유소의 변화가 리모델링, 증축 등 무언가를 더 더해 임대 수익률을 올리는 것에 치중했다면 앞으로는 우리 일상생활을 바꾸는 공간으로 재해석이 필요하다. 그리고 바로 이것이 소비자가 기대하는 주유소의 벌어진 간극을 메우는 '열쇠'가 될 수 있다. 주유소의 미래가 궁금하다면 라이프 스타일을 염탐하라.

혁신은 더하는 게 아니라
덜어내는 것

애플의 스티브 잡스는 혁신에 대해 '더하는 게 아니라 덜어내는 것'이
라고 했다.

> "Deciding what not to do is as important as deciding what
> to do(무언가를 하지 않도록 결정하는 것이 무언가를 하도록 결정하는 것
> 만큼 중요하다)."

혁신할 때 제품과 서비스에 무언가를 자꾸 더하고 복잡하게 만드는
것보다 오히려 '불필요한 것을 제거하는 것'이 더 중요하다는 것이다.
실제로 스티브 잡스가 애플의 CEO로 복귀한 뒤 처음 했던 일은 기
존에 복잡했던 제품 라인업을 노트북과 PC로 단순화한 것이었다. 제품
디자인도 무언가를 더 뺄 수 없을 만큼의 극단적인 미니멀리즘을 추구
했다. 오죽하면 "혁신은 무언가를 더 더할 수 없는 상태가 아니라 무언
가를 더 뺄 수 없는 상태까지 가는 것"이라고 말했겠는가.

:

가격 부담 없이 1인 1닭
할 수는 없는 걸까?

치킨이 당신의 식탁에 오르기까지의 여정

나는 동갑내기 아내와 중2, 고2 아들로 구성된 4인 가족의 가장이다. 우리 가족은 1주일에 한 번씩 치킨을 사 먹는데 저마다 좋아하는 치킨이 다르다. 막내는 B사의 치즈 가루 범벅 한 OOO, 큰 녀석은 K사의 단짠단짠이 일품인 OOOO, 아내는 H사의 숯불로 매콤한 불맛을 입힌 OOOOOO. 1인 1닭을 하면 모두가 만족하겠지만, 지갑을 열기가 두렵다. 한 마리에 1만 4,000원~1만 8,000원이니 치킨 한 마리의 소박한 풍요로움은 옛말이 된 지 오래다.

닭고기 원가는 보통 치킨 가격의 15% 정도를 차지한다. 그러면 나머지 85%는 무엇일까? 문득 치킨이 식탁에 오르기까지의 전 과정이 궁금해졌다. 도대체 닭고기가 어떻게 생산되고 유통되기에 가격이 눈덩이처럼 불어났을까?

페리카나와 처갓집통닭 그리고 산업화

우선 국내 육계(肉鷄, 식용 닭)산업의 대략적인 모습을 알 필요가 있다. 결론부터 말하자면, 국내 육계산업은 '수직계열화' 구조로 돼 있다. 1930년대에는 계란 10개와 소고기 한 근의 가격이 비슷했다. 닭값이 그만큼 비쌌다. 그러나 1970년대 들어서면서 국내에서 본격적으로 육계를 사육하기 시작했다. 이때부터 닭고기 공급량도 급증했다.

1970년대 초에는 계열화 사업체가 등장하면서 육계 전용 '도계 (屠鷄, 닭을 잡아서 죽이는 것) 처리장'이 설치됐다. 도계 과정이 현대화됨에 따라 시장에서 비위생적으로 도계되던 닭들이 위생적으로 처리되기 시작했다. 정부도 위생적인 도계 및 가공을 촉진하기 위해 법적인 부분을 보완하고 개선했다. 1970년대 치킨은 지금처럼 튀겨먹는 프라이드 치킨보다는 전기로 굽는 전기통닭이 대세였다. 전기통닭은 아버지 월급날에 한 번씩 먹는 일종의 특식이었다.

그러다 1980년대 후반 닭이 대량으로 공급하면서 치킨 프랜차이즈 업체가 속속 등장했다. 대표적인 업체가 페리카나와 처갓집통닭이다. 1986년 서울아시안게임이 열릴 무렵 국제사회에서 식용 개고기가 이슈로 떠오르면서 국내 개고기 수요가 치킨으로 이동했다. 이러한 수요 증가가 육계 계열사 업체와 프랜차이즈 업체들의 몸집을 불렸다.

국민소득이 늘자 치킨 프랜차이즈 업계도 활황을 맞았다. 치킨의 종류도 다양해졌다. 여기에 할인점과 대형마트 등이 들어서면서 육계산업의 유통망도 확대됐다. 정부도 외부환경에 민감한 육계산업을 보호하고자 사육 농가가 닭을 안정적으로 사육할 수 있도록 육계산업의 수직계열화를 지원했다.

이런 과정을 거치며 국내 육계산업에는 도계 및 가공 단계를 중심으로 하나의 기업이 통합 경영하는 체계가 만들어졌다. 2021년 현재 국내 육계시장에서 계열화업체가 공급하는 육계의 비중은 전체의 약 94%에 이른다. 국내에 대표적인 계열화업체로는 '하림'이 있다.

그렇다면 닭 한 마리가 치킨이 되는 과정을 살펴보자. 닭의 생산 단계는 '사육 → 도계 → 가공'으로 요약할 수 있다. 우선 사육 과정이다.

닭고기의 유통 과정

토종닭 정도를 제외하면 우리가 먹는 닭의 DNA에는 '외국 닭의 피'가 흐르고 있다. 요컨대 우리나라는 해외에서 닭을 수입해 와 이를 다시 사육하는 방식이다. 수입해온 닭을 업계에서는 원종계(Grand Parent Stock, GPS)라 부른다. 그리고 원종계를 교배해 태어난 다음 세대의 닭이 종계(Parents Stocks, PS)다. 종계는 산란계로서 알을 낳는다. 종계농장에서 만들어진 달걀은 부화장으로 보내진다. 부화장은 종계농장으로부터 공급받은 달걀을 부화시켜 병아리를 육계 사육농가에 공급하는데, 이 병아리가 바로 우리가 먹는 '육계'다.

육계의 족보는 이처럼 복잡하다. 통상 육계는 32~34일 사육된 뒤 도축된다. 한편 육계 전 단계인 종계를 만들어내는 데 걸리는 기간은 약 270일(9개월)이다. 그 전 단계인 원종계 수입도 수입계획을 세우는 것부터 시작하면 약 270일이 더 걸린다. 즉 한 마리의

도계산업의 구조

생산단계	병아리	사료	약품	기자재
	↓	↓	↓	↓
	육계사육			
가공단계	도계 및 1, 2차 가공(도계장)			
유통단계	대리점	대형 할인점	체인점	급식

자료: 정민국 외(2010) 재구성

닭이 만들어지는 데 약 580일이 소요된다. 일반적인 공산품과 달리 살아있는 닭의 수급을 예측하기 어려운 것은 이 때문이다. 원종계부터 육계까지 전체적인 차원에서 관리가 필요하기 때문에 적어도 1년의 기간을 두고 수요예측을 해야 한다.

도계는 과학이다

사육 이후에는 '도계(생닭을 해체해 유통하는 전 과정)' 단계를 거친다. 도계는 다시 수송 및 계류, 도계, 내장적출, 내장 및 선별의 4단계로 나눌 수 있다.

우선 생닭이 흔히 말하는 '닭장차'에 실려 공장으로 들어온다. 이때 닭과 차량은 일차적으로 살균과정을 거친다. 공장으로 들어온 닭은 바로 도축되지 않고 '계류장'으로 이동한다. 계류장에서는 닭장에 실려 장거리를 이동하면서 스트레스가 쌓이거나 근육이 굳어진 닭의 상태를 이완시킨다. 계류 과정을 거치지 않으면 닭이 받은 스트레스 때문에 몸에 열꽃이 펴거나 추후 피를 빼는 '방혈' 과정에서 피가 다 빠지지 않아 날개 끝에 맺히기도 하는데 이 상태 그대로 도축되면 생닭에 붉은 반점이 생기게 된다.

이후부터 본격적인 도계 과정이다. 먼저 계류 과정을 거친 생닭을 기절시킨 뒤 닭의 체내에서 8%를 차지하는 피를 빼낸다. 피가

전부 빠지면 털을 제거하고 머리와 발 역시 제거한다. 끝으로 내장까지 적출된 닭의 내외부를 세척한다.

도계된 닭은 냉각되고, 이후 자동 분류시스템을 통해 크기와 무게별로 분류된다. 이렇게 분류된 닭은 거래처별 주문에 맞게 포장된다. 육계업체에서 도계된 닭은 크게 대리점, 체인점, 유통점 등으로 나뉘어 수송된다.

가령 거래처가 2시 전에 주문을 완료하면 공장에서 도계 과정을 거친 닭이 당일 10시~새벽 사이에 출고된다. 새벽까지 출고되어야만 대리점이 당일 도계된 닭을 다시 소매점 등으로 수송할 수 있기 때문이다.

한편 프랜차이즈는 육계업체에서 출고된 닭을 받아 염지(원료육에 식염, 육색 고정제, 염지 촉진제 등의 염지제를 첨가하여 일정 기간 담가놓는 제조 공정)를 거친 뒤 각 가맹점 등으로 다시 보낸다. 이때 총 소요 기간은 2~3일이다.

치킨 한 마리가 식탁에 오르기까지의 과정은 이처럼 복잡하다. 생닭 1마리(1킬로그램)의 가격은 1,600원 정도다. 치킨 가격의 10% 남짓이다. 나머지는 공급사슬 단계마다 더해지는 부가가치다.

피자 가격 인상에 너그러운 사람들도 치킨 가격 인상에는 유독 민감하다. 몇 년 전 한 프랜차이즈 업체는 치킨 가격을 2만 원 이상으로 올린다고 발표했다가 비난의 화살을 뒤집어썼다. 프랜차이즈 업체는 AI 파동 등으로 높아진 닭 가격으로부터 가맹점을 보호하기 위해 이러한 결정을 내렸다고 밝혔으나 비난은 사그라지지 않았다.

대한양계협회는 AI로 인한 닭 살처분이 닭 원가 인상에 직접적인 영향을 주진 않는다고 설명한다. 오히려 프랜차이즈 업체가 닭을 얼마에 납품받고 가맹점으로부터는 얼마를 가져가는지 투명하게 공개해야 한다는 목소리가 높다. 사리진 닭 가격의 85%, '뻥튀기'의 주범으로 프렌차이즈로 몰리는 이유다.

수요예측의 공백 그리고
조류인플루엔자

조류인플루엔자(AI)가 치킨 공급에 미치는 영향은 어떨까? AI가 발생하면 원종계는 외부와 완전히 차단되고 방역까지 철저히 이루어지기 때문에 AI와 같은 질병은 종계 단계 이후에 노출된다. 따라서 AI로 인해 닭이 살처분되었다면, 그 살처분 대상은 대개 산란계인 종계에 해당한다.

종계가 살처분되면 향후 6개월분 수요관리에 구멍이 생긴다. 이렇게 수요예측 기간이 길어지면 육계업체는 수급 조절을 위해 농가와 대개 연간(혹은 6개월) 단위로 계약을 체결한다.

육계기업은 계약을 체결한 농가에 지속해서 사육 기술지도, 질병 및 등급 등을 관리한다. 또한 육계기업은 닭의 연간 수요를 파악하고 그에 따라 도축 계획을 세운다. 가령 닭 수요가 8% 증가할 것으로 예측되면, 가장 먼저 이에 대응하는 데 필요한 원종계를 수입하는 것이다.

:

맥주캔에 담긴 커피를 만나다
이색적인 포장이 만든 비즈니스 기회

'송베리아'라고 들어봤는가? '송도+시베리아'의 합성어로 송도 지역 주민들이 겨울 추위를 빗대어 만든 우스개 표현이다. 인천 연수구 해안선을 따라 앞바다를 매립한 송도 국제도시는 겨울 바닷바람을 정면으로 맞는다. 여기에 고층 건물 사이사이로 돌풍까지 불면 추위는 그야말로 절정에 다다른다.

옷깃을 치켜세우며 건물 밖을 나선 어느 날, 송베리아 골목길의 한 커피전문점에서 배달용 캔커피를 만났다. 매장에 들어서자마자 평소처럼 '따아(따뜻한 아메리카)' 테이크아웃을 주문했다.

그리고 5분 뒤 마주한 커피는 내게 아주 신선한 놀라움을 주었다. "응? 커피야, 캔맥주야?" 직원에게 건네받은 커피 용기는 분명 편의점 캔맥주와 모습이 같았다. 차이가 있다면 캔을 쥐어 든 손바닥을 타고 밀려오는 따스함이었다.

"용기가 뜨거우니 홀더를 채우세요"라는 직원의 설명에 그제야 매장을 찬찬히 둘러봤다. 곳곳에 여러 개의 알루미늄 캔이 인테리어 소품처럼 진열돼 있었다. 캔 겉면을 둘러싼 '홀더' 디자인은 제각각이었다. 모두 고양이를 소재로 한 캐릭터였는데, 저마다 재밌고 예뻤다.

내가 캔커피를 마주한 곳은 인천 송도에 있는 '우주라이크' 커피 전문점이다. 이곳은 알루미늄 캔에 음료를 담아 50여 개 디자인의 홀더를 씌워 소비자에게 제공했다. 알루미늄 캔은 종이나 플라스틱처럼 일회용 컵에 제한을 받지 않아 매장에서 편하게 섭취할 수도 있었다. 커피뿐 아니라 얼그레이, 스무디, 에이드 등 매장에 있는 모든 음료를 캔에 담아 마실 수 있다고 한다.

배달 포장용기의 경제학

캔커피를 마주하니 이것저것 생각이 많아졌다. 포장은 배달 시장을 바꾸고 있다. 캔 음료는 테이크아웃과 배달 애플리케이션이 많이 생겨나고 있는 최근 배달 트렌드에 적합한 아이템이다.

더욱이 차별화된 캔커피 콘셉트 제품은 브랜드 이미지를 소비자들에게 확실하게 각인시킬 수도 있다. 최근 식품업계 트렌드 키워드인 '펀슈머(Fun+Consumer)'의 호기심을 공략하기에 충분해 보였다.

배달용 포장재로서 '알루미늄 캔'이 궁금해졌다. 이곳에서 사용되고 있는 캔은 500밀리리터 용량의 일회성 제품이다. 캔은 일반적으로 운반, 보관 등이 쉽고 여러 개의 음료를 한꺼번에 안전하게 배달할 수 있다는 장점이 있다. 모든 음료를 즉석에서 캔에 담아 밀봉하여 제공하기 때문에 내용물이 흘러내릴 일이 없어 위생적이다. 또 종이나 플라스틱 컵보다 평균 1시간가량 보냉, 보온성이 지속되는 점도 배달 시장의 긍정적인 시선이다. 최대 3킬로그램까지 대용량 배달도 가능하다는 게 매장 측 설명이다.

알루미늄 캔은 플라스틱 병보다 재활용 측면에서 우수하다. 완성품 자체가 다시 원재료로 쓰일 수 있어 산업적인 면에서도 경제

우주라이크 커피전문점의 캔커피

성이 뛰어나다. 알루미늄 캔은 68%가 재활용되지만, 플라스틱 물병은 3%에 그친다.

1950년부터 2020년까지 생산된 100억 톤이 넘는 플라스틱 가운데 재활용된 비율은 6%가 채 안 되는 것으로 미국 환경보호청(EPA) 조사에 나타났다. 시장조사기관 '유로모니터 인터내셔널'에 따르면 세계적으로 플라스틱 물병은 1분에 약 100만 개가 팔리고 있다.

친환경을 위한 이색적인 도전은 또 비즈니스로

그렇다고 해도 알루미늄 캔을 바라보는 시장의 시선이 마냥 곱지는 않다. 우선 제품의 가격이다. 인터넷 검색을 통해 500밀리리터 알루미늄의 단가를 알아봤다. 온라인에서 500밀리리터 알루미늄 캔 1박스(124 EA, 개)는 약 49,676원에 거래됐다. 개당 400원꼴이다. 종이컵이나 플라스틱 컵과 비교해 25~30% 더 비싸다. 전 세계 광물자원 원자재 가격 변동에 따른 인상 폭도 부담이다. 정부가 플라스틱 제품과 종이 빨대 사용을 제한하고 있지만, 사업자 입장에서는 단속보다 당장의 비용 증가가 더 두렵다.

환경 부담도 만만치 않다. 알루미늄 캔도 엄연히 일회용 제품이다. 비록 알루미늄의 재활용률이 플라스틱보다 월등히 높지만, 생산과정에서 발생하는 많은 이산화탄소·온실가스 배출량은 플라스틱의 4~5배가 더 많다. 예컨대 500밀리리터짜리 알루미늄 캔은 제조 과정에서 약 1,300그램의 이산화탄소를 배출하는데, 이는 자동차를 7~8킬로미터 운행할 때 나오는 배출가스와 엇비슷하다.

이색적인 도전은 또 비즈니스로

신선식품 등 온라인 거래 증가에 따른 상품의 과대 포장과 친환경 이슈는 유통시장의 뜨거운 감자다. 국경을 초월한 환경 규제와 소비자들 사이에서 갈수록 자리 잡히는 '착한 소비' 개념은, 기업들에 있어 새로운 변화와 도전의 국면이 되고 있다.

커피 등 음료 배달 시장에서 알루미늄 캔은 운송과 포장, 보관 등 물류 측면에서 가볍고, 공간 효율이 높으며, 유리보다 운송하기 쉽다. 더운 여름 내용물을 차게 만들 때도 다른 포장 재질의 음료보다 에너지가 덜 들어간다. 제조부터 유통까지의 모든 단계를 광범위하게 고려하면 알루미늄이 플라스틱보다 탄소 배출량이 더 많다고 단정할 근거는 아직 부족하다.

지구가 과도한 포장재로 신음하는 것은 제조사, 유통사, 정부의 책임을 넘어서는 문제다. 플라스틱 제품에 대해 사려 깊은 소비는 모두의 의무다. 그런 측면에서 다양한 포장 행위를 수반하는 온라인 기반의 배달 시장은 누군가에게 성장의 기회일 수 있다.

정부 1회용품 감축 중장기 계획

대상	2020년	2021년	2021년	2030년 이후
플라스틱컵	–	테이크아웃 시 무상제공 금지	보증금제 도입	–
일회용 종이컵	MOU	커피숍 등 사용 금지(자판기 제외)·테이크아웃 시 무상제공 금지	보증금제 도입	–
식기류(배달)	MOU	사용 금지	–	–
용기·접시류 (배달)	다회용기 시범사업 MOU	종이 등 친환경 소재 대체 유도	–	재질 단일화 또는 다회용기 대체
장례식장	세척+조리시설 → 세척시설	컵·식기류 사용 금지	편의점, 제과업 등 사용 금지 확대	–
봉투 및 쇼핑백	–	–		모든 업종 사용 금지
위생용품	주요 호텔 다회용 전환 MOU	–	50실 이상 숙박업소 무상제공 금지	모든 숙박업 무상 제공 금지(2024년)
빨대·젓는 막대	MOU	무상제공 금지	플라스틱 재질 사용 금지	–
배송용 포장재	유통업계 MOU 및 친환경 포장 기준 마련	녹색포장인증제 도입(~2022년)	스티로폼 상자 → 재사용상자로 전환(정기적, 동일지역 배송시)	–

※ 2021년부터 카페에서 일회용 플라스틱 컵뿐 아니라 종이컵도 사용이 금지된다. 또 택배의 경우 2022년까지 스티로폼 상자 대신 재사용 상자를 이용하는 사업을 추진한다.   출처: 환경부

:

공유주방은
식자재 유통 채널이 될 수 있을까?

온라인 정기 구매 습관이 바꾼 배달 시장

오프라인 기피 현상이 온라인 시장의 성장에 기름을 붓고 있다. 코로나19로 비대면 거래가 가장 활성화된 부문 중 하나가 온라인 신선식품 시장이다. 1인 가구수 증가와 맞벌이 부부 증가도 중요한 성장 요인이다. 잠들기 전에 온라인으로 주문한 식자재가 아침식탁에 오르는 일은 이제 흔해졌다. 이로 인해 새벽배송 시장의 규모는 2015년 100억 원에서 2020년 1조 원을 훌쩍 넘을 정도로 급성장했다.

반복적이고 정기적인 구매, 신선식품과 식자재

국내 신선식품 배송 시장을 수면 위로 끌어올린 장본인은 '마켓컬리'다. 물론 과거에도 우유 배달이나 신문 배달이 있었고, 가락동 등 농수산물 시장에 신선한 야채와 과일, 수산, 정육을 납품하기 위한 새벽배송 사례가 있었다.

그런데 마켓컬리는 새벽배송을 온라인 주문 플랫폼 형태로서 하나의 상품으로 만들었다. 마켓컬리가 쏘아 올린 새벽배송은 과거 온라인화가 더딘 신선식품 시장을 대형 유통업체보다 앞서 공격한 결과물로 평가받는다.

통계청 자료를 살펴보면 온라인쇼핑 중 식품 부문의 거래액은 새벽배송이 태동하기 전해인 2014년 3조 6,109억 원이었다. 이는 그해 전체 온라인쇼핑 거래액(45조 3,025억 원)의 7% 정도다. 그랬던 것이 2020년 18조 1,000억 원으로 성장해 식품 비중은 전체 온라인쇼핑 시장(161조 1,234억 원)의 9% 수준이다. 비식품 분야의 온라인 전환율이 평균 20% 이상인 점을 참작할 때 그 절반도 안 되는 수치다. 즉 신선식품의 온라인화 성장성이 높다는 방증이다. 마켓컬리는 신선식품의 이커머스 진출을 놓고, 리스크보다는 시장의 성장성을 선택했던 것이다.

마켓컬리와 같은 신선식품 온라인 판매는 물류를 품에 안은 유통 비즈니스 모델이다. 신선식품 출하부터 판매, 배송까지의 전 과

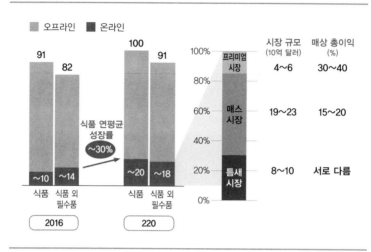

온·오프라인 시장별 신선식품 거래 규모

	시장 규모 (10억 달러)	매상 총이익 (%)
프리미엄 시장	4~6	30~40
매스 시장	19~23	15~20
틈새 시장	8~10	서로 다름

출처: 마켓컬리

정에서 소비자가 느끼는 수고로움을 해소시키는 것이 새벽배송 사업모델의 핵심이다. 정기적이고 반복적인 구매 행위는 정기적인 배송 행위를 만드는 하나의 시장이 되었다. 소비자들은 로켓배송하면 쿠팡을, 새벽배송하면 마켓컬리를 떠올린다. 배송 모델이 이커머스의 매출을 좌우하면서부터 배송은 더는 단순 서비스가 아닌 비즈니스 영역으로 확장된다.

B2C에서 B2B로 더 커지는 신선식품 시장

신선식품 배송 시장을 B2B 관점으로 보면 식자재 시장이 된다. 식자재 물류는 일반적인 공산품 물류와는 차이가 있다. 식자재 물류는 '속도'뿐 아니라 '정시성'도 중요하다.

특히 유통기한이 짧은 신선식품은 더욱더 빠른 배송이 필요하다. 일반적인 소비재는 물류센터에서 출고가 하루 이틀 늦어지더라도 소비자가 받는 피해가 그리 크지 않다. B2B 물류에서도 마찬가지다. 물건을 빨리 받지 못하면 매출에 어느 정도 영향이 생길 수는 있다. 하지만 신선제품은 상황이 아예 다르다. 급식소를 운영하는 업체가 있다고 가정해보자. 업체에 식자재가 제시간에 도착하지 않으면 음식을 제조할 수 없기 때문에 당일 영업을 못 하는 경우가 발생하기도 한다.

아울러 정시성과 함께 식자재 물류에 주어진 또 다른 숙제는 '물류 품질'을 유지하는 것이다. 식품은 위생이 관건이다. 따라서 물류센터 환경을 안전하게 유지하고, 배송 과정을 철저히 관리해야 한다. 신석식품 제조사와 유통업자는 공급사슬을 체계화하고, 그 프로세스를 유지할 필요가 있다. 동시에 식자재 품질 유지를 위해 필요한 콜드체인 시스템이 필요하다.

식자재 주문은 계약 단위를 기반으로 한다. 기업체별로 한 달에 200만 원부터 억 단위까지 다양한 주문이 들어온다. 수백만 원 단

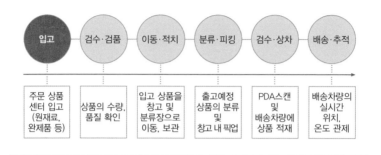

식자재 물류 운영 프로세스

입고	검수·검품	이동·적치	분류·피킹	검수·상차	배송·추적
주문 상품 센터 입고 (원재료, 완제품 등)	상품의 수량, 품질 확인	입고 상품을 창고 및 분류장으로 이동, 보관	출고예정 상품의 분류 및 창고 내 픽업	PDA스캔 및 배송차량에 상품 적재	배송차량의 실시간 위치, 온도 관제

위의 소규모 주문은 낱개 단위로 납품하는 경우가 대부분인 데 반해, 억 단위 규모의 주문은 박스 단위로 납품하게 된다. 그뿐만 아니라 식자재는 상품의 크기와 모양이 다양하다. 가령 배추와 무의 모양은 다르다. 이 때문에 식자재의 작업 단위 표준화는 까다롭고 자동화 장비 도입도 어렵다.

이러한 문제를 해결하기 위해 대부분의 식자재 업체는 물류 과정에서 배송분류표에 따라 '라벨링' 작업을 진행한다. 상품을 소분한 후 라벨을 붙여 다시 분류하는 것이다. 그만큼 신선식품 등 식자재 시장은 B2C, B2B 할 것 없이 물류에 대한 의존도가 높다.

남아 있는 철옹성 '식자재'

신선식품의 정기배송, 음식 배달 등 식품의 O2O 경향은 소비 구성원과 생활패턴 변화와 함께 맞물려 하나의 플랫폼 비즈니스로 확장 중이다.

예를 들어 공유주방 서비스는 영세한 자영업자에게 음식을 만들 공간을 제공하는 임대업 개념으로 보인다. 하지만 공유주방을 물류 관점에서 살펴보면 대량유통, 공동구매 등의 '식자재 공급망' 사업에 가깝다.

상상해보자. 정육, 수산물, 각종 야채 등 음식 재료가 오가는 B2B2C(기업형+동네 골목식당 포함) 식자재 거래 시장의 헤게모니를 공유주방이 움직일 수 있게 된다면 어떤 새로운 시장이 열릴까?

연간 40조~67조 원대 규모로 추정되는 국내 식자재 시장에서 주요 대기업이 차지하는 식자재 유통업 매출은 7조 3,000억 원에 불과하다. 국내 식자재 유통시장의 기업화 비중은 2000년 1%에서

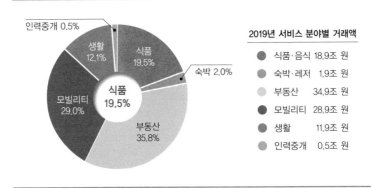

국내 O2O 서비스 거래액 중 식품·음식 분야 비중

2019년 서비스 분야별 거래액

- 식품·음식 18.9조 원
- 숙박·레저 1.9조 원
- 부동산 34.9조 원
- 모빌리티 28.9조 원
- 생활 11.9조 원
- 인력중개 0.5조 원

출처: 과학기술정보통신부

2020년 12~13%로 지속 상승하고 있지만, 여전히 글로벌 평균(미국 40%, 이탈리아 17% 등)에 대비해 낮은 수준이다. 더욱이 식자재 유통 시장의 온라인화는 이제 시작 단계다.

더욱이 공유주방 시장이 확대일로의 성장을 맞이한다면, 20조 원 규모의 음식 배달 시장을 어떻게 재편할지 모를 일이다. 공유주 방이 만들어내는 음식은 모두 배달음식이란 점을 잊지 말자.

O2O, 온디맨드, 옴니채널 등 온라인 기반의 거래가 흥하면 흥할 수록 오프라인 서비스 영역이 더 중요해지게 된다. 온라인에서 팔 리는 모든 상품은 반드시 배송이라는 오프라인 영역을 거치게 된 다. 정기적이고 반복적인 온라인 구매 습관이 배달 시장을 키우는 이유다.

물류가 넘칠수록 환경은
병들 수밖에 없다?

친환경 물류 고민은 매출 상승으로

코로나19 여파로 2020년 음식 배달은 전해 같은 기간보다 75.1%, 택배는 19.8%가량 증가한 것으로 알려졌다. 배송(배달) 서비스는 소비자의 생활 환경 변화에 따른 편의 제공이라는 측면에서 해마다 두 자릿수대 성장을 기록 중이다. 갈수록 커지는 온라인 소비와 비대면 서비스 수요는 앞으로도 더 많은 물류 서비스 공급을 견인할 전망이다.

최근 우리 사회는 배송이 안 되는 상품이 없을 정도로 풍요로운 배달 시대에 살고 있다. 음식 배달과 마트(편의점) 배송 등 근거리는 물론 제주도 딱새우와 강원도 횡성 한우 등 원거리까지 당일 내 배송이 가능하다.

그러나 우리가 누리는 편리함은 역설적이게도 많은 불편함을 동반한다. 음식 배달로 발생한 폐플라스틱은 14.6%, 폐비닐은 11%로 플라스틱 폐기물이 늘었다. 쓰레기 대란이 코앞까지 다가왔다.

택배 박스 품귀 현상

택배 배송도 마찬가지다. 배송 주문이 늘자 상품을 포장하는 데 쓰이는 택배 박스 품귀 현상이 발생했다. 골판지로 만드는 택배 상자는 '원지 → 원단 → 박스' 등 3단계의 생산 과정을 거치는데 원지인 폐지 수급에 빨간불이 켜진 것이다. 골판지 폐지는 수입 의존도가 높은데, 2020년 7월부터 국산 폐지 사용을 장려한다는 취지로 시행한 '폐지 수입 신고제'에 따라 폐지 수입량이 17% 급감했다.

문득 궁금해졌다. 배달이 넘치는 사회는 과연 건강한 것일까? 편리함의 역설처럼 배송 등 물류 서비스가 넘치는 도시에 '물류의 역설'도 많은 문제를 품고 있다. 이 때문에 건강한 사회를 만들기 위한 물류 시장의 책임도 더 커지고 있다. 물류 서비스의 다양화로 인류의 삶이 더 나아졌다고 하지만 그 이면에서는 각종 환경 문제와 사회적 비용 낭비로 신음하고 있다.

도로 위 화물차와 이륜차의 운행이 늘면 늘수록 이산화탄소 배출이 급증한다. 여기에 배송을 수행하지 않는 차량의 움직임이 더 늘고 있다. 이는 배달 서비스의 특성상 양방향 화물 운행이 불가하기 때문이다. 배송이 늘면 쓸모없는 공차 운행이 더 늘어나는 구조다.

차량의 배출가스 이외에도 재사용이 불가능한 일회용 플라스틱 용기, 택배 박스 공급 대란 등으로 사회가 감당해야 할 비용은 고스란히 우리에게 넘어온다. 편의에 익숙한 사회 구조가 몰고 온 재앙으로 악순환은 꼬리에 꼬리를 물고 있다.

환경을 챙기는 기업이 늘고 있다

다행인 것은 환경을 챙기는 유통업체가 늘고 있다는 점이다. 택배용 종이 박스에서 비닐 테이프가 사라지고 있는가 하면 스티로폼 박스는 다용도 가방으로 대체됐다. 온라인 소비가 늘면서 환경오염을 의식한 소비자들이 일회용품 처리에 골머리를 앓자 유통업계가 '친환경 배송'으로 부담을 덜어주고 있다.

온라인쇼핑몰 쓱(SSG)닷컴은 새벽배송용 보냉가방 '알비백(I'll be back)'을 사용함으로써 스티로폼 박스, 종이 포장재, 아이스팩 등 일회용품 약 2,464만 개를 절감하는 효과를 거뒀다고 한다. 이를 무게로 따지면 1만 6,000여 톤이고, 일렬로 놓으면 서울과 부산을 여섯 번 왕복할 수 있는 거리인 약 5,800킬로미터에 달한다고 한다.

이외에도 롯데쇼핑은 다용도 운반 가방으로 '안녕, 또 보냉'이란 상표를 출원하고 일부 매장에서 시범운영 중이다. '로켓프레시'를 운영하는 쿠팡은 '에코 프레시백'을 도입했다. 다음 주문 때 프레시백을 수거해가는 형태로 운영한다.

포장 박스도 환경과 친해지고 있다. CJ오쇼핑은 박스 포장에 사용되는 테이프 소재를 종이로 전면 교체했다. 상품을 감싸는 완충재 또한 종이 소재를 사용 중이다. 기존에 사용하던 에어캡이나 스티로폼을 모두 없애고, 환경 보호 및 고객 편의에 집중했다. 11번가도 일부 상품에 대해 테이프 없이 조립해 쓸 수 있는 박스로 상품을 배송하고 있다. 마켓컬리는 모든 배송용 포장재를 재활용이 가능한 소재로 바꾸는 '올 페이퍼 챌린지'를 진행 중이다. 비닐 완충재와 비닐 파우치, 지퍼백도 종이 완충재와 종이봉투로 바꿨다.

모두가 소비자들이 상품을 수령하고 폐기하는 모든 과정에서 '탄소 발자국'을 없앨 수 있도록 기업들이 안내하려는 노력이다. 이는 기업 홍보는 물론 매출 상승으로 직결되기 때문에 손해 보는 장사도 아니다.

화물차와 상품의 이동 최적화를 고민할 때

택배차량과 이륜차를 더 늘리지 않아도 박스 포장재를 더는 낭비하지 않고, 일회성 플라스틱 용기를 사용하지 않아도 충분히 배달의 편리성을 제공하는 사회에 대한 상상력이 필요한 때다.

월마트의 드라이브 스루 마트에서 소비자는 온라인으로 사전 주문한 제품이나 현장에서 구매한 제품을 픽업할 수 있다. 이로 인해 배송 행위를 줄이고 이에 따른 불필요한 포장재 낭비를 막을 수도 있다.

에스토니아 물류 IoT 스타트업 클레브론은 아파트단지나 도심 내 유휴 공간을 활용해 신선식품 픽업 센터를 운영 중이다. 냉장냉동 시설로 불필요한 포장재 사용을 줄이고, 소비자는 원하는 시간에 물품을 수령할 수 있는 장점이 있다. 특히 도심 내 화물차량의 움직임을 최소화해 공차율과 탄소가스 배출을 줄이고 있다.

최근 더 빠른 배송, 차별화된 물류 서비스 제공을 목표로 도심 내 마이크로 풀필먼트센터와 딜리버리 네트워크 구축에 대한 수요가 늘고 있다. 그러나 혼잡한 도심 내 물류 구조에 각각의 기업마다 발 벗고 나선 '시그니처(Signature)' 물류 모델 경쟁과 개발은 더 많은 자원과 공간의 낭비를 초래할 수 있다.

도심 물류 체계 구축은 정부와 기업 간 머리를 맞대야 한다. 그것이 도로 위 화물차를 줄이는 것일지, 물류의 탈중앙화일지, 공동배송과 공유거점일지, 일반인 배송 활성화일지는 모르겠으나 '더하기가 아닌 빼기'의 관점에서 물류 단계를 축소하고 최적화하는 노력이 필요하다. 당근마켓처럼 택배가 아닌 지역 P2P(Peer to Peer, 개인 대 개인) 거래와 배송으로 불필요한 물류 행위를 줄인 발상의 전환은 그 시작일지 모르겠다.

　무엇을 더하느냐보다 무엇을 하지 말아야 하는지를 우리 사회가 깊이 있게 고민해야 할 때다. 과유불급(過猶不及)이란 말처럼 지나침은 미치지 못함과 같다.

택배 시장은 왜 풍요 속 빈곤이 됐을까?

배달대행 시장의 미래가 알고 싶다면

네이버와 손잡은 생각대로, 11번가와 동행하는 바로고, GS가 2대 주주가 된 메쉬코리아, 롯데에 등 업힌 피엘지, 팅크웨어와 제휴한 스파이더 등 2021년을 전후로 국내 배달대행 업체들이 대형 이커머스 업체들로부터 200억~500억 원 규모의 투자를 유치하면서 몸값을 달구고 있다.

투자 시장에서는 대형 이커머스나 IT기업들이 이륜차 배달대행 업체의 M&A를 염두에 둔 사전 포석이라고 분석하고 있지만, 나는 사업제휴나 파트너 개념 이상의 결과물, 즉 M&A가 쉽지 않을 것으로 예상한다.

택배의 현재는 배달대행 시장의 미래

통계청에 따르면 2020년 배달대행 시장 규모는 11조 6,000억 원으로 해를 거듭하며 빠르게 성장 중이다. 배달대행업계는 정부가 집계한 자료보다 시장 규모가 훨씬 더 클 것으로 보고 있다. 음식 이외에도 퀵이나 마트, 편의점 등 전체 배달 시장에는 다양한 배송 상품이 있기 때문이다.

20년 전 택배 시장이 '황금알을 낳는 거위'라 불리며 전자상거래 최대 수혜주로 꼽히던 그 시절처럼 데자뷔가 떠올랐다. 국내 택배 시장과 이륜차 배달대행 시장은 성장의 구조 측면에서 닮은 게 많다. 다른 게 있다면 택배는 바퀴가 4개 달린 화물차를 이용하고, 배달대행은 바퀴가 2개 달린 오토바이를 쓰고 있다는 점이다.

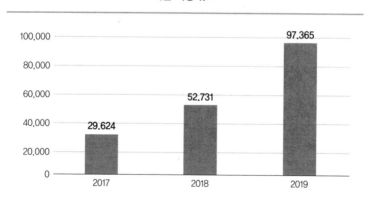

배달 시장 규모

국내 배달대행 시장은 11조 6,000억 원으로 집계됐다.   출처: 통계청

유일무이한 두 자릿수 성장 산업

2000년대 홈쇼핑과 더불어 2010년대 이커머스와 함께 성장 중인 국내 택배 시장은 한진이 '파발마'라는 브랜드로 1992년 첫 서비스를 선보인 지 30년이 흐른 현재에도 해마다 두 자릿수 성장세를 보이는 유일무이한 서비스 산업이다.

IMF 금융위기를 겪은 1998년에도, 카드대란 사태가 벌어진 2003년도에도, 미국발 경제 위기가 있던 2008년에도 택배의 성장세는 꺾이지 않았다. 최근 5년 치(2015~2020년) 물동량만 해도 연평균 12.1% 수준으로 꾸준히 늘고 있다.

택배산업의 발전은 2000년대 홈쇼핑과 2010년 온라인쇼핑 시장의 급속한 성장과 궤를 같이한다. 온라인 주문이 활성화되면서 1998년 8,000만 박스 수준이던 국내 택배 물량은 2003년 3억 8,000만 박스, 2009년 10억 박스, 2019년에는 27억 9,000만 박스, 2020년 33억 7,000만 박스로 증가했다. 2020년에는 코로나19로 성장세가 더 컸다.

참고로 2019년 이커머스 시장은 133조 6,000억 원이었고, 2020년에는 전년보다 19.7% 늘어난 161조 1,200억 원에 달했다. 택배가 해마다 두 자릿수로 성장하는 데에는 다 이유가 있는 것이다.

택배산업의 발전이 20년 전 홈쇼핑과 인터넷 쇼핑의 성장과 함께했다면, 현재 배달대행 시장의 성장은 음식 배달앱과 각종 O2O

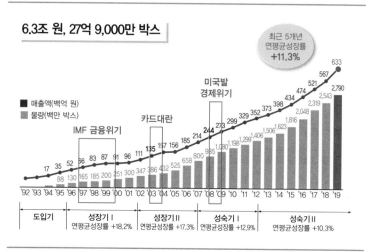

2019년 전체 택배 시장 규모

6.3조 원, 27억 9,000만 박스

최근 5개년 연평균성장률 +11.3%

- ■ 매출액(백만 원)
- ■ 물량(백만 박스)

IMF 금융위기　카드대란　미국발 경제위기

구간	도입기	성장기 I	성장기 II	성숙기 I	성숙기 II
연평균성장률		+18.2%	+17.3%	+12.9%	+10.3%

출처: 김현우 한진택배 상무

시장의 성장과 함께한다. 1인 가구 증가 및 배달음식 다양화로 인해 월 1인당 배달앱 사용 빈도도 꾸준히 증가하고 있다.

코로나19로 소비 형태가 바뀌면서 택배와 온디맨드 배달 시장은 비대면 수요와 더불어 서비스 격전이 재점화됐다. 2003년 중국이 사스(SARS) 발병으로 인해 전자상거래 자체가 시작되는 계기가 되었다면, 이번 코로나19 발병은 국내는 물론 주요 국가의 생필품, 식료품의 온라인 쇼핑과 배달앱 사용을 고착화할 것이란 전망 때문이다.

더 주목할 점은 모바일 앱 쇼핑과 주문이 활발하지 않았던 50대 이상의 연령층이 코로나19로 인해 자의 반 타의 반으로 이용률이

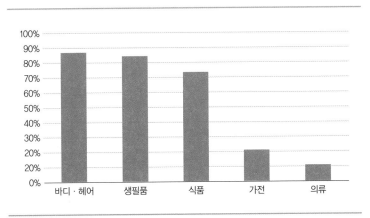

코로나19 이후 50대 이상 소비자의 카테고리별 온라인 구매 증가율

출처: 이베스트투자증권 리서치센터

큰 폭으로 증가했다는 점이다. 온라인 서비스 거래의 증가와 사용자층이 늘었다는 것은 그만큼 배달, 배송 등 상품의 물리적 이동이 더 많아지고, 그 방식이 더 다양해진다는 점을 뜻하기도 한다.

택배와 배달은 다르지 않다

택배와 이륜차 배달대행 시장의 성장 과정은 쌍둥이처럼 닮았다. 2000년대부터 택배와 동반 성장을 이끄는 TV홈쇼핑과 이커머스가 그 주역이라면, 2021년 현재는 온디맨드와 O2O 서비스의 일상화가 이륜차 배달 시장의 성장을 견인하고 있다.

택배와 배달 시장은 규모의 경제와 경쟁사 간 출혈 경쟁, 신규 진입자의 등장과 업계 1위 쟁탈을 위한 M&A 과정에서 성장과 퇴출을 반복하고 있다는 점도 비슷한 속성을 띠고 있다.

택배와 배달은 '상품의 물리적 이동'이라는 측면에서 업의 본질이 같다. 그러나 최근 택배와 배달 서비스 산업은 '디지털 전환'이라는 시대의 변화와 의식주 등 IT 기반의 생활 편의형 서비스를 제공하는 라이프 플랫폼 시대를 만나면서 전혀 다른 도전에 직면해 있다.

국내 택배 시장은 2014년 3조 9,800억 원에서 2018년 5조 6,700억 원으로 연평균 8.2% 성장했으나 같은 기간 국내 주요 택배 기업의 평균 영업이익률은 8.6%에서 0.5~1.1%로 수익성이 크

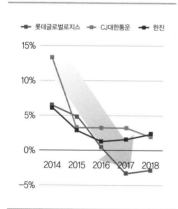

국내 택배 3사의 영업이익률

출처: 각사 연간 사업보고서

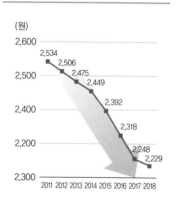

택배 평균 단가 추이

출처: 한국통합물류협회
※ 국내 택배 시장 평균 단가는 한국통합물류
 협회에서 국내 택배 기업을 대상으로 조사
 한 1회 배송 단가의 평균
자료: 삼정KPMG

택배 박스당 원가 구조

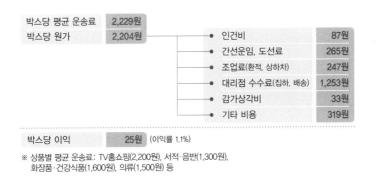

| 박스당 평균 운송료 | 2,229원 |
| 박스당 원가 | 2,204원 |

- 인건비 87원
- 간선운임, 도선료 265원
- 조업료(환적, 상하차) 247원
- 대리점 수수료(집하, 배송) 1,253원
- 감가상각비 33원
- 기타 비용 319원

| 박스당 이익 | 25원 | (이익률 1.1%) |

※ 상품별 평균 운송료: TV홈쇼핑(2,200원), 서적·음반(1,300원), 화장품·건강식품(1,600원), 의류(1,500원) 등

자료: 각사 취합하여 재구성

게 악화했다.

택배 평균 단가의 변화 추이를 살펴보면 그 이유가 잘 나타나 있다. 2011년 2,534원에서 2018년 2,229원으로 지속적인 하락 추세를 보인다. 전형적인 '치킨게임' 양상이다.

상승하는 고정비, 줄어드는 운송비

2019년 택배 운송료는 박스당 2,229원 수준이다. 박스당 원가 2,204원을 제외하면 영업이익은 25원 정도다. 원가 분석을 좀 더 깊게 살펴보면 인건비 87원, 간선운임(도선료) 265원, 조업료(환적, 상하차) 247원, 대리점 수수료(집하, 배송) 1,253원, 감가상각비 33원,

기타 319원으로 구성된다. CJ, 한진, 롯데 등 택배사마다 차이가 있을 수 있지만 엇비슷한 구조다.

상품(채널)별 평균 운송료는 TV홈쇼핑 2,200원, 서적·음반 1,300원, 화장품·건강식품 1,600원, 의류 1,500원 등이다. 흥미로운 점은 배달대행 이륜차 운송비가 택배와 비슷한 2,000~2,500원 수준이라는 점이다.

2019년까지 3,000원대를 유지하던 것이 2,000원 대로 떨어졌다는 게 현장 관계자의 말이다. 배달의민족, 요기요 등 음식 주문 플랫폼 수수료 조정과 더불어 배달대행 업체들끼리 더 많은 물량 수주를 위해 제살 깎아먹기식 출혈 경쟁을 한 것이다.

20년간 택배산업은 운송료가 해마다 지속적으로 하락했다. 반면 인건비, 유류비 등 고정비는 매번 증가했다. 배달대행 시장도 마찬가지다. 최근에는 특수고용직에 대한 4대보험 보장으로 택배나 배달대행 업체들의 비용 부담에 대한 고민이 더 커지고 있다.

운송료 하락은 업체들의 수익성 악화와 직결되는데, 이 때문에 경쟁사 간 출혈 경쟁을 더 부추기는 악순환이 되풀이되고 있다. '규모의 경제'를 실현해야 하는 택배나 배달대행 등 운송 시장이 처한 현주소다.

M&A 회오리 속에서 몸집 키운 택배

국내 택배 시장의 1위 전략은 M&A 역사로 귀결된다. CJ는 1999년 택배나라 인수(CJ GLS)를 시작으로, 2000년 삼성물산의 HTH택배, 2008년 금호아시아나그룹의 대한통운 인수까지 총 3차례의 인수합병을 통해 현재의 1위에 올랐다.

한진은 2009년 신세계의 세덱스(SEDEX, 이후 HANDEX)를, 롯데는 2015년에 현대로지스틱스를 각각 한 곳씩 인수하면서 시장 2~3위권을 지키고 있다. 지난 20년간 국내 택배 시장은 인수·합병을 가장 활발하게 진행하고, 시장 점유율을 넓힌 것이 1위 전략인 셈이다. 몇 년 전부터는 택배 4위인 로젠택배가 현재 인수·합병을 추진 중에 있다.

택배와 배달대행 시장은 불황을 품고 성장하고 있다. 택배는 2008년 IMF 이후 실직자들이 대거 택배 기사로 유입되면서 부족한 인력난을 채웠다. 최근 배달대행 시장도 경기침체와 취업대란, 코로나19와 같은 재난으로 더 많은 플랫폼 노동자의 형태로 그 자리를 메꾸고 있다. 택배와 배달대행업 종사자들은 일한 만큼 벌 수 있는 자영업자라는 점에서 공통점이 있다.

가파르게 성장한 배달 시장의 관련 종사자 수도 함께 늘었다. 한국노동사회연구소에 따르면 음식, 꽃 배달 등 이륜차 배송업 종사자는 총 250만 명에 이를 것으로 내다봤다. 택배 기사는 12만

연도별 택배 M&A 현황

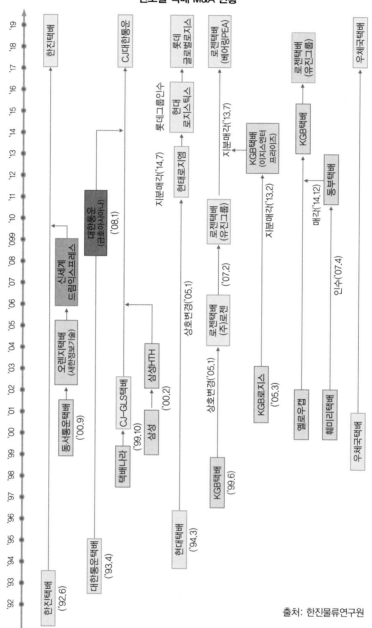

출처: 한진물류연구원

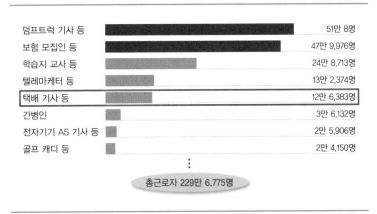

특수 고용근로 종사자 현황

덤프트럭 기사 등	51만 8명
보험 모집인 등	47만 9,976명
학습지 교사 등	24만 8,713명
텔레마케터 등	13만 2,374명
택배 기사 등	12만 6,383명
간병인	3만 6,132명
전자기기 AS 기사 등	2만 5,906명
골프 캐디 등	2만 4,150명

⋮

총근로자 229만 6,775명

자료: 국가인권위원회

6,383명으로 추정된다.

눈여겨볼 대목은 근로복지공단이 2019년 조사한 산재보험을 적용받는 택배 기사와 퀵 서비스(배달대행) 기사의 수가 각각 1만 1,252명, 4,200명에 불과하다는 점이다. 택배 기사는 전체의 8.9%, 이륜차 배달 기사는 0.168% 수준이다.

택배와 각종 이륜차 배달 기사는 형식상 개인 사업자이지만 사업주에게 노동을 제공하고 대가를 받는다는 점에서 임금 근로자 성격도 갖는다. 택배와 배달대행 시장은 외형적으로 유일무이한 두 자릿수 성장 중에 있지만 그 안은 풍요 속 빈곤을 달리고 있다.

::

운송 요금과 판도라 상자
풀어야 할 숙제, 백마진과 리베이트

택배비가 오른다고 한다. 고객사(화주)에 운송료 인상을 이미 통보한 택배사도 있고, 인상 시기와 범위를 놓고 막바지 조율 중인 업체도 있다. 온라인 활성화로 물동량이 급증하자 인건비 증가와 택배 박스 부족 등 각종 비용 부담으로 운임 인상이 불가피하다는 게 업계의 설명이다. 정부도 업계의 현실을 감안해 요금 인상 쪽으로 가닥을 잡은 상황이다.

택배비 인상을 놓고 사회적 분위기는 대체로 호의적이다. 다만 조건이 붙었다. 국민권익위원회가 2020년 11월 발표한 택배 시장의 근로 환경 개선에 대한 조사에서 응답자의 73.9%가 '인상액이 택배 종사자 처우 개선에 사용될 것'이라는 전제하에 동의하는 것으로 나타났다.

여론 형성에 힘입은 택배업계는 요금 인상의 명분을 국민으로부터 얻었다. 업체들은 택배 기사 처우 개선을 위한 인력 확충, 설비 투자 및 적정 배송 수수료 제공을 위해 택배 요금 구조 개선의 필요성을 주장하고 있다.

이커머스 등 화주는 택배료 인상에 대해 더 논의가 필요하다는 입장이다. 요금 인상이 판매자의 이윤 하락으로 이어지다 보면 결국 제품가격의 인상이 불가피한데, 이 구조는 소비자나 업계 모두 불이익이 될 것이란 이유다.

인상을 인상이라 부르지 못하는 이유

20년 전부터 택배 시장은 규모의 경제 달성을 목표로 치킨게임에 시달리고 있다. 가격 인하에 따른 출혈 경쟁은 누가 먼저랄 것도 없었다. 2013년 당시 택배 2위 업체였던 현대택배(현 롯데)는 "이러다 시장이 공멸한다. 500원 요금 인상을 시행하겠다"라고 먼저 가격 인상에 나섰다가 여론의 뭇매를 맞고 백기 투항한 적이 있다.

CJ대한통운, 한진, 로젠 등 경쟁업체들도 요금 인상을 내심 원했다. 하지만 현실은 불만을 품고 튀어나온 경쟁사의 고객사를 주워 담기에 급급했다. 택배 요금을 줄줄이 인상하다 가격담합 논란에 휩싸이지 않을까 공정거래위원회의 눈치를 살펴야 했다. 이때부터 업계는 택배료 인상이라는 표현 대신 '요금 현실화', '운임 정상화'라는 표현을 쓰기 시작했다. 가격 인상을 인상이라 부르지 못하는 국내 택배 시장의 아픔도 있다.

2021년 초 CJ대한통운이 거래처 500여 곳에 100~600원 수준으로 택배비를 인상하겠다고 밝히자 이 회사의 거래처들은 즉각 반발에 나섰다. 회사 관계자는 "적자 고객사를 대상으로 디마케팅(De-marketing, 수요를 일부러 줄이는 것)을 실시하는 것"이라며 "해마다 실시하는 가격 현실화 조치의 일환"이라고 설명했다.

동상이몽(?) 택배대리점의 반발

택배비 인상 반대편에는 판매자뿐만 아니라 택배대리점도 다수 포함돼 있다. 수수료 인상으로 영업이익이 좋아질 것이 뻔한데 영업소는 왜 반발할까?

이커머스 등 판매자 입장에서 당장의 요금 인상은 불편할 수밖에 없다. 이미 가격경쟁으로 바닥을 친 온라인 최저가 경쟁은 두말할 것도 없고, 쿠팡이 쏘아 올린 로켓 수준의 배송 서비스 개선에 사활을 둔 마당에 택배사의 요구를 나 몰라라 할 수도 없는 일이다.

그러나 일선 택배대리점은 택배 본사보다 화주(판매자)와의 이해 구조가 더 밀접하다. 가격 인상을 통보받은 판매자 대부분이 대리점과 계약을 맺고 있는데 단가를 일방적으로 올리면 이 물량을 고스란히 경쟁 택배사에 뺏길 공산이 크다.

더욱이 계약 기간 내 요금 인상은 법적 문제까지 불거질 수 있어 골치가 아프다. 이 때문에 대리점은 고객사와의 계약 기간이 끝나고 재계약 시점에 택배비를 올릴 수 있도록 요청하고 있다.

외부 설득보다 내부 합의가 먼저

택배비 인상은 택배사와 화주 간 합의보다 대리점과의 내부 협상이 더 시급하다. 아군을 결집하지 못하면서 어찌 적군을 상대할 수 있겠냐는 평판이 업계의 안팎에서 나도는 이유다.

여기서 잠깐 국내 택배비를 살펴보자. 택배비는 배송 수수료(40%), 집하 수수료(15%), 상하차 인건비(14%), 차량운송비(11%), 본사 이익(3%), 임차료 등 기타 비용(17%)으로 구성돼 있다. 택배비 2,000~2,200원(2021년 1월 기준)을 고려하면 택배 기사가 가져가는 돈은 박스당 500~600원 선이다. 지입 수수료, 통신비, 보험료, 유류비, 차량 할부금 등은 택배 기사 본인이 직접 감당해야 한다.

하루에 200~300건을 배송하면 10~18만 원을 벌어가는 수준이다. 한 달이면 220만~396만 원이다. 업무시간이 평균 하루 12시간 정도로 계산하면 시급 8,333~15,000원 정도다.

국민들이 택배 종사자들의 열악한 근로 환경 개선을 조건으로 택배비 인상에 힘을 실어주자는 공감대가 형성되는 지점이다.

판도라 상자를 열 준비가 되었나

최근 택배비 인상의 명분은 코로나19 등 사회적 변화와 국민적 공감대가 만들었다. 다만 그만큼 실리(實利)의 분배와 환원에 대한 책임과 투명성은 택배업계가 풀어야 할 몫이다.

국내 택배요금 구조는 '판도라 상자'로 불린다. 얼핏 '고객사 → 대리점 → 본사'로 이어진 영업 단계는 단순해 보인다. 하지만 단계별로 리베이트, 백마진, 판매장려금 등의 명목이 붙여지면 셈법은 매우 복잡해진다. 감자 캐듯 줄기만 걷어도 후드득 딸려 나오는 것이 물량과 영업 정보를 쥐고 있는 택배 생태계의 검은 포식자(브로커)들이다.

리베이트, 백마진 관행은 택배 시장에서도 악어새와 악어의 공생관계처럼 오래된 암묵적 합의가 있다. 내가 택배 시장에 본격적으로 출입하기 시작한 2000년도에도 검은 뒷거래를 개선하자는 업계 안팎의 반성이 끊이질 않았다. 그때나 20년이 흐른 지금이나 달라진 건 없다.

택배비 인상에 앞서 업계 스스로가 꼭 해야 할 일이 생겼다. 백마진 구조라는 철밥통을 깨는 것부터 시작해야 한다. 문제는 이게 너무 오래 고착되어 변화가 쉽지 않고 이미 변화 시기를 여러 번 놓쳤다는 것이다. 아는 사람은 다 알다시피 대형 화주는 물론 동대문 등 각종 상가, 지역조합 등 일명 택배 노른자로 불리는 택배 영업 현장에서는 백마진 행위가 여전하다.

'화주–본사–대리점'으로 이어지는 구간마다 브로커들이 곳곳에 존재하지만, 자신들에게 이익이 된다면 리베이트 관행쯤이야 하며 눈을 감는다. 내부감사에 문제가 발각되도 '자기 식구 감싸기'를 하는 이런 태도가 택배 구조의 민낯을 드러내는 걸 원천봉쇄하고 있다. 그러니 백마진 수법은 더 정교해질 수밖에 없다.

요금을 더 지불하겠다는 소비자들의 권익 문제도 중요하다. 우선 업계와 정부가 요금 인상분에 대한 과금의 기준을 명확하게 안내해야 한다. 업계는 환경 개선 등의 여러 이유를 대고 있지만, 구체적으로 그 비용을 어디에 얼마큼 어떻게 사용할지에 대한 소비자의 이해와 설득이 부족한 상황이다.

무턱대고 요금 인상을 통보하기에 앞서 표준화된 과금(요금체계) 기준을 만들자는 시장의 목소리가 높아지고 있다. 국토교통부가 민간택배사를 도와줄 일이 있다면 바로 이런 부분에서 투명하고 공정한 관련법 제정과 관리 시행부칙을 추진해야 한다. 요금 체계가 명확하지 못하면 부메랑이 되어 택배 시장에 되돌아올 것이다.

택배료는 저렴한데, 택배로 재벌이 되었다는 대리점과 기사들의 이야기가 심심치 않게 들린다. 열심히 일해서 돈을 번다는데 문제가 무엇이냐 싶지마는 앞선 사례처럼 백마진과 리베이트로, 화주와의 특수관계인으로 일감을 몰아주고 있다면 문제가 된다. 사례

택배 평균 단가

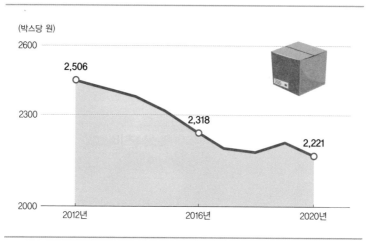

(박스당 원)

2,506

2,318

2,221

2012년   2016년   2020년

출처: 한국통합물류협회

최근 20년간 택배 시장 변화

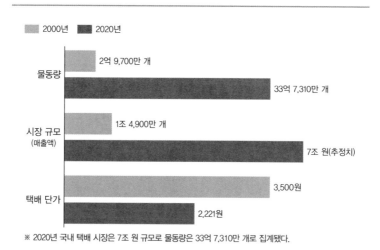

2000년   2020년

물동량
2억 9,700만 개
33억 7,310만 개

시장 규모
(매출액)
1조 4,900만 개
7조 원(추정치)

택배 단가
3,500원
2,221원

※ 2020년 국내 택배 시장은 7조 원 규모로 물동량은 33억 7,310만 개로 집계됐다.

자료: 한국통합물류협회

하나로 택배업계 전체가 잡은 요금 인상 기회는 물 건너갈 공산이 크다. 그렇게 놓친 기회는 다시 오지 않을 수 있다. 대한민국 택배 시장은 판도라 상자를 먼저 열 준비가 되었나?

:
.

화물차 졸음운전의 민낯
안전사고를 위한 최첨단 기술 도입

최근 5년간 화물차 사고 발생 건수는 총 4,349건(2016~2020년)이다. 같은 기간 교통사고 사망자 1,079명의 48.5%가 화물차 사고로 숨을 거뒀다. 2명 가운데 1명꼴이다. 화물차 사고는 치사율(사고 대비 사망자 수)도 높다. 같은 대형차인 버스는 치사율이 12%인 데 반해 화물차는 21.1%로, 100건당 2.79명이다. 전체 차량 치사율인 1.46명의 2배 수준이다.

화물차 사고의 대표적 원인 '졸음운전'

졸음운전, 전방 주시 부주의, 과적, 과속은 화물차 사고의 4대 원인이다. 전체 사고의 95%가 이로 인해 발생했다. 미국도 한해 4,000명 정도의 화물 기사가 과로로 인한 졸음운전으로 사망한다. 도로 위 흉기라 불릴 정도로 위험이 드러난 화물차 사고는 왜 좀처럼 개선되지 않을까.

전문가들은 화물차 기사들이 안전운전에 경각심이 부족한 것은 '거친 운전 습관' 때문이라고 입을 모은다. 그런데 생각해보자. 생계가 목적인 화물 기사 중 죽기 위해 졸음운전을 하는 사람이 과연

고속도로 화물차 사고 및 사망 부상자

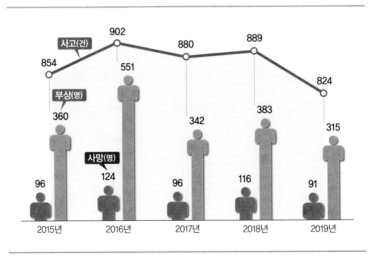

자료: 도로교통공단

얼마나 있을까. 사고 위험에 노출된 화물 기사의 근로 환경을 좀 더 자세히 살펴봐야 할 필요가 있지 않을까.

국내 화물운송시장은 낮은 운임 비용 탓에 운전자 1명이 하루에도 서너 곳을 이동하는 무리한 스케줄을 강행하는 경우가 대부분이다. 운송시간을 줄이려다 보니 교통체증이 덜한 심야나 새벽에 과속 운행하는 일도 잦다. 더 큰 문제는 화물 기사가 화물 적재와 상하차 등 안전운전을 위협하는 불필요한 노동에 시달리고 있다는 점이다.

얼마 전 50대 화물 기사가 모 발전소에서 석탄재를 화물차에 싣는 작업을 하다 3.5미터 높이의 화물차 적재함 문에서 발을 헛디뎌 추락해 사망한 사건이 있었다. 고유 업무가 아닌 상차(짐 싣기) 작업 중 추락사한 것이다.

화물 기사는 안전한 화물운송을 위해 운송 과정에서 화물이 낙하하지 않도록 적절하게 관리해야 할 의무가 있다. 하지만 화물자동차법상 화물 기사의 상차 업무는 법적 업무가 아니다.

전국택배노동조합이 요구한 택배 기사의 분류 작업 제외도 같은 연장선에 있는 문제다. 택배노조는 본연의 업무가 아닌 분류 작업으로 택배 기사의 노동 강도가 높아졌고, 이로 인해 과로 등 사망 사고로 이어지고 있다는 것이다. 이에 정부는 택배 노조 측의 손을 들어주면서 설 택배 대란은 일단락됐지만, 현장 이행 여부에 따라 갈등의 도화선은 여전히 남아 있다.

이렇다 보니 국토교통부는 올해부터 화물차 운전자들이 2시간 이상 연속 운전 시 최소 15분을 쉬고, 총 중량 3.5톤 초과 차량은 시속 90킬로미터를 넘지 않게 제한 장치를 의무적으로 달도록 한 방안을 내놨다.

이외에도 화물운임안정제, 상시 점검과 단속 강화, 안전운전자 보험료 할인, DTG(Digital Tacho Graph, 디지털 운행기록계) 운행기록 제출 의무화 등 화물차안전3법 개정을 목표로 하고 있다. 그러나 실효성과 현장의 이행 여부는 아직 갈 길이 멀어 보인다.

헬스케어 웨어러블 장비는 도움이 될까

최근 화물 운전자의 안전운행에 필요한 각종 IoT 장비 도입 및 기술 적용이 활발히 논의되고 있다. 기술은 준비되었지만, 도입 비용을 누가 지불할 것인가를 놓고 줄다리기 중이다.

대부분의 화물 기사는 개인사업자로 특수고용직에 해당한다. 기업들은 직영 차량이 아닌 다른 화물차량에 안전운행에 필요한 최첨단 장비를 설치해줄 의무가 없다. 4대 보험 적용 논란처럼 비용을 서로 상대에게 떠넘기고 있다. 기업과 화물 운전자 간 협의와 정부의 적극적인 중재가 필요한 대목이다.

또 하나는 안전사고 예방 최첨단 기술이 과속, 과적, 자동 제어,

주행 이탈 방지 등 운송수단에만 집중된 나머지 정작 중요한 운전자인 사람을 위한 기술과 관리 방안이 상대적으로 부족하다는 점이다.

예를 들어 대형 화물 운전자나 택배 기사의 과로를 방지하기 위해 건강 상태를 관리할 수 있는 스마트워치를 보급하는 방안이 있다. 운행 전 잠은 얼마나 잤는지, 심박 수와 혈압은 정상인지, 운행 시간은 얼마나 됐는지, 안전운행을 방해하는 약물을 복용한 것은 없는지 등 헬스케어 웨어러블 장비가 화물 기사의 졸음운전과 과로를 예방할 수 있다. 개인정보 등 여러 문제가 있으나 한 해 교통사고로 발생하는 사회적 비용을 생각한다면 충분히 사회적 합의를 끌어낼 수 있다.

화물 운송, 택배 등 물류 시장은 자율주행 시대를 준비 중이다. 자율주행 화물차는 인공지능 및 센서를 통해 최적화된 운행 경로와 운전 방식을 사용하기 때문에 사고예방은 물론 에너지 효율성 측면에서도 큰 도움이 된다.

특히 화물 기사의 평균 연령이 높아지고 있는 등 향후 화물 기사의 공급이 한계에 다다랐을 때 대안으로 꼽힌다. PwC에 따르면 자율주행 기술 혁신으로 향후 4,800억 달러의 비즈니스 가치 및 9,720억 달러의 사회적 가치 창출이 예상된다고 한다.

일선 현장이 디지털 생태계로 완벽하게 전환하기 전까지는 시간이 걸린다. 한해 화물차 교통사고 사망자 500명, 이륜차 등 음식 배달로 인한 교통사망 사고자 265명. 디지털 혁신이란 무엇일까.
사람의 목숨보다 앞선 디지털 혁신의 가치는 없지 않을까.

:

산타에게 배우는 배달의 지혜
하룻밤 안에 세계 각지로 선물 20억 개 배송

"산타 할아버지는 하룻밤 만에 전 세계 20억 명의 아이들에게 어떻게 선물을 배달해요? 친구 말로는 산타랑 썰매랑 루돌프랑 엉덩이에 불날 거래요. 요즘에는 배달하기 정말 힘들겠어요. 혹시 엉덩이에 불날 정도로 바쁘면, 제 선물은 안 주셔도 돼요."

영화 「아서 크리스마스」에서 한 소녀가 산타에게 편지를 쓴다. 소녀는 성탄절 선물로 보조 바퀴가 달린 분홍색 자전거를 받고 싶다고 소원을 빌었다. 정신없이 바쁠 산타 할아버지가 혹여 격무에 힘들어하지 않을까 귀여운 안부의 인사말도 빠트리지 않았다.

산타가 북극에 산다면 왜 구글맵에 집이 안 뜨는지, 전 세계 아이들의 편지를 일일이 다 확인하는지, 매년 인구가 늘어나서 점점 더 큰 선물 자루로 바꾸는지, 세상에는 집이 백만 개도 넘는데 어떻게 그 많은 선물을 들고 일일이 찾아오는지…… 아이는 정말 궁금한 게 많다.

해마다 12월이면 전 세계 아이들의 가장 큰 관심사는 단연 '산타와 선물'이다. 인터넷 검색으로 쉽게 정보를 얻을 수 있는 시대에 살다 보니 요즘 아이들은 초등학생만 되면 산타의 존재를 쉽게 불신한다. 동화 속 이야기에 아이들이 좀 더 순수해지기를 바라는 어른들로서는 안타까운 현실이 되었다.

하지만 크리스마스는 언제나 설렌다. 어른이나 아이 할 것 없이 1년 중 가장 기다려지는 날임에는 틀림없다. 아무래도 12월 25일 자정을 기점으로, 머리맡에 걸린 대형 양말에 담길 선물 때문이 아닐까 싶다.

아이처럼 궁금해졌다. 정말 산타가 있을까? 해마다 25일 새벽, 단 하룻밤 만에 전 세계 20억 개의 선물을 단 한 건도 빠지지 않고 어떻게 배달할 수 있을까? 루돌프와 썰매는 각각 몇 마리와 몇 대가 필요할까? 선물을 포장하고 분류하는 인력은 얼마나 필요할까? 산타가 보유한 창고 규모는 어느 정도 규모일까? 전 세계 각국의 까다로운 통관과 관세 업무는 또 어떻게 처리할까?

단 하룻밤 초특급 새벽배송 프로젝트

상상해보자. 산타의 물류 역량은 어느 정도 수준일까? 크리스마스 이브 날 밤, 전 세계 20억 명의 아이들에게 선물을 배송하기 위해서는 수많은 화물기와 택배차량이 필요하고 창고 등 인프라와 첨단 물류IT 시스템이 필요하다.

우선 배송에 투입될 화물기, 차량 등 운송장비들을 가늠해보자. 아이 한 명당 받게 될 선물의 평균 무게를 2킬로그램으로 가정하면 1억 개에 20만 톤인데, 이는 100톤이 탑재 가능한 B747 항공화물기 2,000여 대 이상이 소요되는 무게다. 전 세계 총 20억 개의 선물 배달은 화물기 4만여 대가 동시에 투입돼야 하는 규모다.

지구상에서 화물기를 가장 많이 운항하는 항공특송사 FedEx가 600여 대를 보유하고 있으니, 이 회사와 맞먹는 70여 개의 항공특송사가 더 필요한 셈이다. 하룻밤 만에 전 세계 배송이 완료되기 위해서는 항공기 이용은 선택이 아닌 필수다.

그렇다면 각국에 도착한 화물기에서 내린 20억 개의 선물들은 총 몇 대의 택배차량에 나눠야 집 앞까지 배송이 가능할까? 1.5톤 택배차량 기준으로 1대당 200개씩 선물을 적재할 경우를 산출해보면 전 세계 총 1,000만 대의 택배차량이 필요하다. 새벽에 모든 배송이 이루어져야 한다는 전제 조건을 충족하기 위해서는 이보다 더 많은 인력과 차량이 동원돼야 한다. 또 택배 기사가 건당 5분 정

264

도의 배송시간을 생각하면 총 2,000만 대 이상의 차량과 배송 인원이 투입되어야 한다.

한국의 지리적 특성과 아파트 등 단체형 주거 환경을 고려한 것이기 때문에 미국 등 국토 면적이 넓고, 가구당 배송 거리가 먼 국가는 운송에 대한 셈법이 다를 수 있다. 물론 방법이 하나 있긴 하다. 드론이나 로봇 등 자율차를 이용한 무인배송차량을 투입하는 것이다. 그러나 이들은 각 가정의 굴뚝을 타고 들어가지 못한다(?)는 단점이 있다.

아마존도 울고 갈 수요예측과 풀필먼트

산타의 고민은 더 깊어진다. 전 세계 아이들의 서로 다른 사연과 이에 따른 배송 요구 수준이 갈수록 더 복잡해지는데, 루돌프와 엘프 그리고 오래된 썰매만으로는 이들의 기대를 충족하지 못하기 때문이다. 산타는 자체적으로 물류를 해결하기보다는 전 세계 물류회사들에 배송을 위탁하는 방법을 검토할 수도 있다.

그렇다면 산타에게 물류 위탁업무는 어떤 의미일까? 무엇보다 20억 개의 물량을 나라마다 적기에 배송하기 위해서는 초대형 물류센터가 필요하다. 택배 허브 터미널처럼 물품을 전국에서 모아 배송할 지역에 따라 분류할 수 있는 최첨단 분류기도 보유해야 한다.

산타가 보유한 전 세계 물류거점은 마치 아마존의 초대형 풀필먼트센터와 흡사한 모습일 것이다. 거대하고 최적화된 물류센터가 필요한데, 1일 200만 건의 상품(무게 1,000톤 이상)을 처리하는 아마존 물류창고라면, 전 세계 항공 터미널 주변 거점에 1,000개 이상의 창고 수요가 예상된다.

더욱이 20억 명 아이들의 소원을 담은 선물을 일일이 접수하고, 빈틈없는 재고관리와 최적화된 운송경로를 파악하기 위해서는 물류 통합 시스템과 중앙관제시설을 보유해야 하는 것도 빼놓을 수 없다. 구체적으로 정리해보면 다음과 같다.

- 산타가 전 세계 20억 명 아이들의 선물 선호도에 따른 수요예측(Sales and Operations Planning, S&OP)을 정확하게 파악해야 한다.
- 단 하룻밤에 전 세계 20억 개의 선물을 100% 배송에 성공하기 위한 조건으로는 항공기, 차량을 적재적소에 배치하기 위한 물류 플랫폼(Logistics as a Service, LaaS)을 갖춰야 한다.
- 새벽배송이라는 최적의 배송 계획을 실시간으로 작성하는 계획능력을 바탕으로 RFID(전자태그), RTLS(실시간 위치 추적 서비스), GNSS(위성항법장치) 등 가시성(Visibility)을 제고해야 한다.
- 기상이변 등 배송 차질을 일으킬 수 있는 돌발상황을 사전에 감지해 배송 계획을 수립하는 기민한 대응능력(Agility)을 확보해야 한다.

12월 25일 자정부터 새벽녘 해뜨기 전까지 전 세계 237개국, 20억 명의 아이들에게 선물을 배달해야 하는 지상 최대의 배송 미션이다. 총 4만여 대의 화물기를 하늘에 띄우고, 2,000만 대의 택배 차량이 도로로 운행하고, 단 하루 200만 건의 화물을 정확하게 분류할 수 있는 창고 1,000개 이상을 확보해야 하며, 이 모든 것을 통제해야 한다. 그야말로 산타의 배송은 마법 같다. 산타가 실존한다면 그는 세상에서 가장 위대한 물류인이리라.

네카쿠배 경제학

초판 1쇄 인쇄 2021년 5월 7일
초판 1쇄 발행 2021년 5월 17일

지은이 김철민
펴낸이 김선준, 김동환

편집팀장 한보라 **편집팀** 최한솔, 최구영
마케팅 권두리 **디자인** 김혜림
외주 편집 하진수 **본문디자인** 박미라

펴낸곳 페이지2북스 **출판등록** 2019년 4월 25일 제 2019-000129호
주소 서울시 영등포구 국제금융로2길 37 에스트레뉴 1304호
전화 070) 7730-5880 **팩스** 02) 332-5856
이메일 page2books@naver.com
종이 (주)월드페이퍼 **인쇄·제본** (주)현문

ISBN 979-11-90977-22-7 (03320)